Hans Delbrück, Peter Paret

Krieg, Geschichte, Theorie.

Zwei Studien über Clausewitz

Hans Delbrück, Peter Paret

Krieg, Geschichte, Theorie

Zwei Studien über Clausewitz

Herausgegeben von

Peter Paret

2018

Carola Hartmann Miles-Verlag

Bibliografische Information der Deutschen Nationalbibliothek

Die Deutsche Nationalbibliothek verzeichnet diese Publikation in der Deutschen Nationalbibliografie; detaillierte bibliografische Daten sind im Internet über www.dnb.de abrufbar.

© 2018 Carola Hartmann Miles-Verlag

www.miles-verlag.jimdo.com

email: miles-verlag@t-online.de

Herstellung: Books on Demand, Norderstedt

Titelbilder: „Die Schlacht an der Beresina im November 1812" (1844), Peter von Hess (1792-1871), sowie die Fotografie des Bildnisses von Clausewitz von Prof. Dr. Donald Abenheim.

Printed in Germany

ISBN 978-3-945861-82-0

Inhalt

Vorbemerkung und Danksagung

Der zweite Aufsatz, „The Function of History in Clausewitz' Understanding of War", erschien zuerst in den Vereinigten Staaten, im *The Journal of Military History*, Bd. LXXXII, Nr. 1 (Oktober 2018).

Wir danken Herrn Dr. Bruce Vandervort, dem Herausgeber des *Journals,* für seine langjährige Bereitschaft, die Seiten des *Journals* der geistesgeschichtlichen Richtung der Kriegsgeschichte zu öffnen, und Herrn Michael Adrian für die Übersetzung des Textes. Die Übersetzung und Anmerkungen wurden vor der Veröffentlichung etwas erweitert.

Für sein Interesse und vielfältige Hilfe schulden wir Herrn Professor Dr. Donald Abenheim unseren besonderen Dank.

Vorwort

Peter Paret

Die beiden hier veröffentlichten Aufsätze behandeln ein gemeinsames Thema: Clausewitz' Verständnis der Vergangenheit und die Frage, wie seine historischen Kenntnisse sein Denken über die Kriege des Napoleonischen Zeitalters und über den Krieg an sich beeinflussten. Das kann auf den ersten Blick als ein eng definiertes methodologisches Problem der Kriegsgeschichte erscheinen. Doch der Krieg, eine sich immer wiederholende Tatsache im Dasein der Menschheit, ist alles andere als nur ein Thema für den Spezialisten, und im Atomzeitalter verlangt der Krieg allgemeine Aufmerksamkeit mehr denn je. Dabei sollten wir nicht nur Clausewitz' Feststellungen und Thesen beachten, die seit fast zweihundert Jahren immer wieder erforscht und diskutiert werden, sondern auch die Wege, auf denen er sie erreichte. Eine nähere Untersuchung wie Clausewitz seine Gedanken entwickelte, die Schritte, die ihn von der Identifizierung eines Problems zu einer möglichen Lösung brachten, könnten uns helfen, die Substanz seiner Erkenntnisse und Thesen besser zu verstehen und zu überprüfen. Sie würde es uns darüber hinaus erlauben, selbst weiter über die Möglichkeit, die etwaige Notwendigkeit und die Gefahren des Krieges zu denken.

Der erste Teil dieses Buches wurde mehr als ein Jahrhundert vor dem zweiten verfasst. Historische Deutungen interpretieren nicht nur die Vergangenheit, sie sind immer mehr oder weniger Ausdrücke der Zeit und der Umstände, unter denen sie entstanden. Hans Delbrück verfasste seinen Aufsatz, ursprünglich eine Besprechung von Karl Schwartz' Biographie *Leben des Generals Carl v. Clausewitz und der Frau Marie v. Clausewitz, geb. Gräfin v. Brühl*, Berlin 1878, in Jahren bedeutender politischer Ereignisse, in denen die deutschen Staaten ein neues Reich gebildet hatten und der europäische Staatenkomplex sich über die ganze Welt auszubreiten begann.[1] 1887 veröffentlichte Delbrück einen erweiterten Text der Rezension in einem Band seiner historischen und politischen Schriften.[2] In diesen Jahren war die deutsche Bevölkerung, trotz Krisen wie dem Bismarckschen Kulturkampf, in ihren allgemeinen Ansichten weniger zersplittert als sie es durch den Ersten Weltkrieg und danach wurde. Zu den großen wissenschaftlichen und kulturellen Fortschritten des neunzehnten Jahrhunderts gehört die bemerkenswerte Entwicklung der Geschichtswissenschaft, nicht zum wenigsten in Deutschland, die neben anderen Kräften die deutsche Gesellschaft in ihren Werten beeinflusste. Auch wenn die Nachfolger von Ranke und Droysen, außerordentliche Historiker sowohl als Theoretiker und Entdecker wie als Darsteller, in ihren Interpretationen nicht naturwissenschaftliche Gewissheit erreichten, hatten Historiker wie Hintze, Sybel und Meinecke, unter denen Delbrück eine bedeutende, unabhängige Stellung einnahm, doch Regeln und Methoden entwickelt, die es ermöglichten, die Dokumente und andere Quellen ihrer und ihrer Lesers Verständnisse der Vergangenheit mit neugewonnener Zuverlässigkeit zu identifizieren und zu deuten.

Schwartz' Werk konnte Delbrücks Interesse an Clausewitz' politischen und theoretischen Erkenntnissen nicht genügen. Die Biographie war nicht viel mehr als ein sorgfältig geordneter, aber oberflächlicher Bericht über die Phasen und Ereignisse in Clausewitz' Leben, bemerkenswert vor allem durch die erstmalige Veröffentlichung von unbekannten Schriften Clausewitz' und Briefen zwischen ihm und seiner Frau, wichtigste Dokumente einer außerordentlichen Persönlichkeit sowohl in der Kriegs- wie

---

[1] *Zeitschrift für Preußische Geschichte*, Bd. XV, März/April 1878.
[2] Hans Delbrück, „General von Clausewitz," *Historische und politische Aufsätze*, Berlin 1887, S. 209-226.

in der Geistesgeschichte des frühen neunzehnten Jahrhunderts, deren Bedeutung der Verfasser aufgrund allgemeiner Ansichten des Wilhelminischen Zeitalters interpretierte, Meinungen und Erwartungen, die sich von denen der Zeit, in der Clausewitz lebte, sehr unterschieden. Trotz dieser Mängel markierte die Biographie einen Fortschritt in unserem Wissen über Clausewitz, wenn sie auch vieles über seine Herkunft und die Abschnitte seines Lebens weiterhin unbekannt ließ.

In seinem erweiterten Aufsatz nahm Delbrück die Biographie zum Anlass, seine eigenen Ansichten über Clausewitz zu entwickeln. Das Resultat war eine ungewöhnliche Studie, sowohl in den Themen, die sie behandelt, als auch in denen, die sie beiseite lässt. Delbrück umreißt Clausewitz' Herkunft und erste Jahre als Soldat, sagt aber kaum etwas über seine Rolle in dem Konflikt über die militärische und bald auch politische Reform des Staates nach den verlorenen Feldzügen von 1806 und 1807, und wenig über seine Erfahrungen in Russland und während der Freiheitskriege, oder über seine letzten Jahre, in denen er auf einen Verwaltungsposten abgeschoben war, um dann diese in mancher Hinsicht enttäuschende Laufbahn mit einigen gefühlsmäßig verständnisvollen Worten zusammenzufassen. Statt Clausewitz' Person betont Delbrück Clausewitz' Gedanken. Von den ersten Zeilen an beschreibt und deutet er seine Theorie des Krieges, fünfzig Jahre nachdem Clausewitz *Vom Kriege* verfasste, als ein lebendiges Element im neuen Deutschen Reich; „einen ewigen Brunnen..., eine der geheimnisvollen Quellen jener wunderbaren Kraft, die plötzlich in den Jahren 1866 und 1870 die Welt und fast uns selber überraschte und erschütterte." Die Identifizierung wichtiger Komponenten in Clausewitz' theoretischen Schriften und die Verbindung seiner Theorien mit den militärischen und politischen Interessen seiner Generation, macht Delbrücks Aufsatz zu eine der bedeutendsten frühen Studien über Clausewitz' Leben und Werk.

Delbrück verfolgt Clausewitz' Gedanken über den Krieg nicht nur in *Vom Kriege,* sondern auch in manchen seiner weiteren Schriften über Themen der Theorie, der Geschichte und der Politik, und versucht, diese Kräfte in ihrer gegenseitigen Wirkung als ein intellektuelles Gesamtgebilde zu erklären, angefangen mit der Frage, wie die Realität des Krieges zu verstehen ist, und dann, wie das Verständnis dieses Geschehens zu der Benutzung und Beherrschung des Krieges führen kann. Als Historiker fiel es Delbrück nicht schwer, die Bedeutung geschichtlicher Tatsachen in der Entwicklung von Clausewitz' Theorien zu erkennen. Die Realität des Krieges, die Verhältnisse und Motive, die einen Krieg veranlassen, und die Kräfte und Methoden, mit denen er durchgeführt wird, besteht aus unmittelbaren Tatsachen, die wir kennen, aber auch aus Tatsachen, die uns aus früheren Zeiten übermittelt sind. Delbrück wusste, wie viele historische Hinweise und Beispiele der Text *Vom Kriege* enthält, und dass, abgesehen von seinem theoretischen Werk, Clausewitz auch eine große Anzahl von Schriften über Kriege der Vergangenheit abgefasst hatte. Die Funktion der Geschichte schien Delbrück einen Zugang zum Wesen von Clausewitz' Gedanken zu bieten, und durch einen bisher unbekannten historischen Aufsatz von Clausewitz, den Schwartz veröffentlichte, gab ihm die Biographie eine besonders attraktive Möglichkeit, diesen Weg zu verfolgen.

Clausewitz' Aufsatz, mit dem bedeutungsvollen Titel „Umtriebe", 1820 oder kurz danach entstanden, über 15 000 Wörter lang und scheinbar unvollendet, besteht aus zwei verschiedenen, aber eng verbundenen Teilen. Die ersten Seiten enthalten einen ungewöhnlich klaren Umriss der politischen und sozialen Entwicklung in Europa zwischen dem Mittelalter und der Französischen Revolution, der nicht auf wissenschaftliche Forschung, sondern auf dem Allgemeinwissen der gebildeten Gesellschaft beruht. Clausewitz verfolgt die geschichtliche Entwicklung über Jahrhunderte mit objektiver Genauigkeit zu ihren Resultaten: „Im Mittelalter war die Gewalt der Fürsten, sie mochte groß oder klein sein, äußerst gering. Mit der Kultur stieg der Nationalreichtum [...] und mit diesem unmittelbar die Gewalt der Fürsten [... .] Eine Masse von Inertien war nicht mehr zu überwinden, die sonst der obersten Staatsgewalt entgegen getreten waren [... .] So schritt die oberste Staatsgewalt immer weiter zur reinen Monarchie vor, wie wir sie im achtzehnten Jahrhundert gesehen haben [... .] Fehler, Schwächen, Leidenschaften, Laster einzelner Fürsten kamen hinzu und setzten in den Augen der Philosophen dem ganzen Wesen die Krone der Verderbnis auf [... .] Die französische Revolution ist also nach unserer Meinung aus zwei Hauptursachen entstanden. Die erste ist das gespannte Verhältnis der Stände, die große Bevorrechtung des Adels, die große Abhängigkeit und, man kann wohl sagen, teilweise die große Unterdrückung des Bauernstandes; die zweite die unordentliche, parteiische und verschwenderische Administration der Regierung." [3]

Diesem Umriss des historischen Hintergrundes folgt der zweite, sehr viel längere Teil des Aufsatzes, eine Diskussion einiger der teilweise politischen, überwiegend aber kulturellen Bewegungen in Deutschland nach Napoleons endgültiger Besiegung, den „Umtrieben" des Titels der Schrift, deren Hauptziel, die politische Einheit Deutschlands, als Clausewitz seine zeitgeschichtliche Studie verfasste, noch nicht zu erreichen war. Delbrück zitiert einige Sätze von Clausewitz' Text, wie „Deutschland kann nur auf einem Wege zur politischen Einheit gelangen; dieser ist das Schwert, wenn einer seiner Staaten alle anderen unterjocht"[4], hat aber wenig, fast nichts, über diesen Teil der Schrift zu sagen. Stattdessen konzentriert er sich auf die kurze historische Einleitung, die er mit der „Summe der späteren mühereichen Forschungen Tocquevilles über die französische Revolution" ver-

---

[3] Carl von Clausewitz, *Politische Schriften und Briefe*, hrsg. von Hans Rothfels, München 1921, S. 162, 164.

[4] Ibid., S. 171.

gleicht. „Clausewitz' Geist", schreibt er, war in so eminenter Weise veranlagt für das historische Verständnis, dass ihm die wenigen zu Tage liegenden Tatsachen genügten, den Zusammenhang des Ganzen zu erschließen." Clausewitz zusammen mit einem der größten Historiker des Jahrhunderts zu nennen, führt Delbrück jedoch zu dem überraschenden Schluss, Clausewitz sei kein Historiker.

Was Delbrück mit dieser Folgerung ausdrückt und hervorhebt, ist die enorme, nicht historische, sondern unmittelbar militärpolitische Bedeutung Clausewitz' für das Deutsche Reich am Ende des neunzehnten Jahrhunderts, eine „der Quellen jener Kraft", Teil des Schwerts, das die Vereinigung der deutschen Staaten erreichte und erhalten soll. Wie aber ist diese für ihn so wichtige Erkenntnis mit den vielen Clausewitz'schen Schriften in Einklang zu bringen, die sich mit der Vergangenheit befassen? Delbrück beantwortet die Frage, indem er auf den Unterschied zwischen Historiker und Militärschriftsteller verweist, eine Unterscheidung, die tief in die Eigenart von Clausewitz' Werk dringt. Die Entwicklung der Bedeutung und des Unterschieds dieser zwei Methoden, aber auch ihre Verwandschaft – des Historikers umfassendere Verfolgung eines Geschehens von oft weit zurückliegenden Quellen und Einflüssen bis zum endgültigen Ergebnis, und des Militärschriftstellers kritische Darstellung eines Zusammenstoßes bewaffneter Kräfte in einer Schlacht oder einem Feldzug – gehört zu den Stärken von Delbrücks Aufsatz. Delbrück kommt zu dem Schluss, dass Clausewitz trotz seines außerordentlich starken historischen Interesses und Verständnisses „seinem Beruf und seiner Absicht nach Militärschriftsteller und nur Militärschriftsteller" war.

Die Mehrzahl, jedoch nicht alle von Clausewitz' Schriften über den Krieg in der Vergangenheit, zu seiner Zeit und über den Krieg an sich, scheinen diese Behauptung zu bestätigen. Zwei bedeutende Ausnahmen sind, erstens, Clausewitz' Aufsatz „Über das Leben und den Charakter von Scharnhorst", seine genaue Erfassung eines außerordentlichen Menschen, der sowohl Clausewitz' Gedanken und Laufbahn wie auch die Geschichte des preußischen Staates bedeutend beeinflusste, ein Werk, das Delbrück selbstverständlich durch die Veröffentlichung in Rankes *Historisch-politischer Zeitschrift* bekannt war. Ranke hatte es nicht schwer gefunden, Clausewitz' Manuskript zu veröffentlichen, wenn er auch einige Stellen – in denen Clausewitz die Zustände in der preußischen Monarchie vor den Jahren der Reform scharf kritisierte – stillschweigend milderte. Es ist mehr als sonderbar, dass Delbrück Clausewitz' historische Absicht und Darstellung in diesem Aufsatz bestreiten konnte, es sei denn, dass er die starke persönliche Note, Clausewitz' bewundernde Erinnerungen an Scharnhorst, den „Vater meines Geistes", Gefühle, die ihn veranlassten, die Schrift zu verfassen, zwar als eine historische Quelle, aber nicht als historische Deutung ansah. Eine zweite Abweichung von Delbrücks Ansicht, Clausewitz wäre nur ein Militärschriftsteller, ist die sehr viel längere historische und zeitgeschichtliche Studie *Nachrichten über Preußen in seiner großen Katastrophe,* eine ausführliche und in der Kritik der Monarchie und des Heeres kompromisslose Darstellung von Preußens Niederlage 1806 und 07, die Clausewitz um 1824–25 verfasste, in einer Zeit der Reaktion nach den Jahren der Reform, ein Werk, das während Clausewitz' Leben nicht gedruckt werden konnte und fünfzig Jahre später noch unveröffentlicht war, als Delbrück, der den Text anscheinend im Manuskript nicht kannte, seine Kritik an Schwartz verfasste. Unter der bedeutenden Zahl von Clausewitz' nicht-theoretischen Schriften sind die *Nachrichten über Preußen* sicher eine der wichtigsten. Sie enthalten eine umfassende historische Darstellung von ungewöhnlicher Schärfe, geschrieben von einem Zeugen und Teilnehmer der politischen Kämpfe um die Zukunft des Staates nach dem militärischen Zusammenbruch von

Jena und Auerstedt, dessen Feststellungen die historische Literatur der nächsten zweihundert Jahre nur bestätigte.[5] Als weitere Ausnahmen könnten die vielen historischen Skizzen in *Vom Kriege* gelten, zum Beispiel die Seiten in Kapitel 3 B im achten Buch „Von der Größe des kriegerischen Zweckes und der Anstrengung", in denen Clausewitz einen historischen Überblick über die relative Macht der bewaffneten Kräfte in Völkern und Staaten von „halbgebildete[n] Tataren [und] Republiken der alten Welt" bis zur Französischen Revolution und Napoleon entwickelt, ein Abschnitt, in dem er einschlägige Dokumente und die Feststellungen anderer Historiker zu einer neuen Erkenntnis des historischen Verhältnisses zwischen der bewaffneten Macht, der politischen Führung und der Gesellschaft vom Altertum bis zur Jetztzeit zusammenfasste.

Trotz ihrer beschränkten Gültigkeit, soweit sie Clausewitz' Werk betreffen, bleiben Delbrücks Unterscheidungen zwischen Geschichte und Militärschrifttum analytisch höchst wertvoll. Sie deuten auf wichtige, doch leicht zu übersehende Unterschiede in der Behandlung der Vergangenheit, deren beide Formen aber in Clausewitz' Interpretationen vorhanden sind, da er sich weigert, nur eine der beiden Methoden als die einzig richtige zu betrachten. Stattdessen wählt Clausewitz entweder die Analyse militärischer Operationen oder rekonstruiert die Geschichte des Krieges wie das Thema es ihm zu verlangen scheint und wie er es für passend und produktiv hält, eine Weite der Ansicht und Bereitschaft,

---

[5] Das Werk, zuerst als 10. Heft der Reihe *Kriegsgeschichtliche Einzelschriften*, Berlin 1888, von der Abteilung für Kriegsgeschichte des Großen Generalstabes veröffentlicht, enthält eine Anzahl von Korrekturen seitens der Herausgeber, die sich zumeist auf Truppenstärken und das Alter von Personen beziehen, aber auch hier und da Clausewitz' manchmal ironisch ausgedrückte politische und gesellschaftliche Ansichten zurückweisen. Ein Beispiel, S. 426, seine Bemerkung über die preußische Armee von 1806, „die Waffe des Soldaten wurde immer blank erhalten, [...] aber die Gewehre waren die schlechtesten in Europa" wird „als nicht mit den Tatsachen im Einklang" bestritten.

verschiedene Pfade zu verfolgen, die den Charakter seiner Schriften entscheidend beeinflusst.[6]

Der zweite Aufsatz des vorliegenden Bandes, „Die Funktion der Geschichte in Clausewitz' Verständnis des Krieges", der das gemeinsame Thema dieser Veröffentlichung aus einer anderen Sicht behandelt, wurde nicht im neunzehnten Jahrhundert in Deutschland verfasst, sondern erschien vor kurzem in den Vereinigten Staaten – und wird hier in deutscher Übersetzung vorgelegt.[7] Während Delbrücks Studie Clausewitz' Werk und Biographie hauptsächlich im Rahmen deutscher Zustände im frühen Kaiserreich erwägt, betrachtet die zweite Schrift Clausewitz und seine Gedanken aus einer späteren und allgemeineren Perspektive, legt den Schwerpunkt auf seine psychologische und geistige Entwicklung, und überlässt es dem Leser, die Bedeutung seiner Gedanken und Werke zu entscheiden, statt sie auf die Verhältnisse des deutschen Staates und der deutschen Gesellschaft zu Delbrücks Zeit oder später zu beziehen. Gestützt auf eine Anzahl von Clausewitz' persönlichen Bemerkungen in seiner Jugend und in späteren Jahren, die wir aus seinen Erinnerungen und Briefen kennen, wird versucht, die Gründe festzustellen, die ihn von seinen ersten Jahren als Soldat an dazu brachten, die Vergangenheit verstehen zu wollen – und nicht nur die militärischen Begebenheiten, son-

---

[6] Als Zeugen oder Teilnehmer wichtiger Begebenheiten, werden Historiker öfters auch deren Berichterstatter und Deuter, selbst wenn es sich um Themen handelt, die von ihren üblichen Sujets abweichen. Ein Beispiel ist Marc Bloch, einer der bedeutendsten Historiker des zwanzigsten Jahrhunderts, der hauptsächlich über Themen der Sozial- und Wirtschaftsgeschichte und der Geschichte der Mentalitäten des zwanzigsten Jahrhunderts schrieb, aber in *L'étrange défaite* eine klassische Geschichte des französischen Zusammenbruchs 1940 verfasste. Für einen Vergleich dieses Buches mit Clausewitz' *Nachrichten über Preußen*, zwei Werken, die bedeutende Ähnlichkeiten sowohl in ihrem Inhalt als auch in der Art der Deutung aufweisen, siehe Peter Paret, *Clausewitz in seiner Zeit*, Würzburg 2017, S. 143-160.

[7] Peter Paret, "The Function of History in Clausewitz's Understanding of War," in *Journal of Military History*, Bd. LXXXII, Nr. 4, Oktober 2018.

dern bald auch die Ereignisse in ihrer politischen und sozialen Entwicklung, die zu seiner Zeit führten, sie gestalteten und nun bestimmten. Offenbar sowohl aus persönlichen Motiven als auch um ein theoretisches und zugleich realistisches Bild des Krieges zu zeichnen, fand Clausewitz es wichtig, auch etwas über nicht-militärische Tatsachen der Vergangenheit zu lernen, über die Geschichte an sich nachzudenken, und gewisse historische Entwicklungen und Konflikte zu interpretieren.

Militärische Schriften, die sich mit der Vergangenheit befassen, und historische Werke über den Krieg folgen zwei verschiedenen Verfahren, die aber so eng verbunden sind, dass sie einander nicht ausschließen. Die Kriegsgeschichte selbst kann verschiedene Formen annehmen. Ihr wohl bedeutendster Unterschied bezieht sich auf den Umfang und die Vielfalt der Themen, die der Historiker eines Feldzuges oder Krieges untersucht und interpretiert. Bis heute, obwohl vielleicht weniger in Deutschland als in den Vereinigten Staaten, verlangen manche Historiker und viele Leser, dass die Kriegsgeschichte sich hauptsächlich oder ganz auf die militärische Entwicklung eines Kampfes konzentriere, im Gegensatz zu einer Betrachtungsweise, die auch die Einwirkung gesellschaftlicher und kultureller Kräfte beachtet, wie zum Beispiel, welche sozialen Klassen zum Dienst gezwungen sind, und welche Methoden der Ausbildung die maßgebenden gesellschaftlichen Ansichten vorziehen und ermöglichen. Clausewitz verfolgt sowohl den weiteren wie den engeren Weg. Wie er die Politik nicht vom Krieg trennte, sondern ihr nahes Verhältnis betonte, verband er die Theorie des Krieges mit der Geschichte des Krieges, und war bereit, in seinen kriegsgeschichtlichen Schriften von der Konzentration auf das strategische, operative und taktische Geschehen zu einer erweiterten Behandlung zu wechseln, wenn er es für richtig und nötig hielt. Dieser Übergang von der engeren zu der breiteren Art der Kriegsgeschichte – und Clausewitz' Erkenntnis der Verbindung des Spezifischen mit dem Allgemeinen – ob hier und da angedeutet oder auch wie in den *Nachrichten über Preußen* gründlich verfolgt und dargelegt – ist eines der wichtigen Attribute von Clausewitz' Werk, dessen Einmaligkeit sein ungewöhnlich objektiver Gebrauch beider Methoden charakterisiert und betont.

Die beiden Aufsätze über Clausewitz' Betrachtung der historischen Vergangenheit und ihre Bedeutung in seinem Werk, hier zusammen wieder veröffentlicht, sind Schritte einer fortwährenden Erforschung von Clausewitz' Leben und Werk. Ihre Deutungen seiner Gedanken beruhen auf Clausewitz' Briefen und Manuskripten, aber auch auf den Einflüssen der Begebenheiten der Zeit, in der sie entstanden. Den Historiker stellt die Untersuchung und Interpretation jeder dieser sehr verschiedenen Quellen – Clausewitz' Texte und die historische Entwicklung der Zeit, in der er lebte – vor besondere Probleme, deren Lösung aber auf allgemein anerkannten Regeln und Methoden beruht. Ein reicher Text wie *Vom Kriege* kann immer wieder neu gedeutet werden, wenn auch Clausewitz' präzise Formulierung seiner Gedanken den Möglichkeiten der Interpretation Grenzen zieht – oder ziehen sollte. Wie weit die Tatsachen der Zeit, in der Clausewitz lebte, und das Ausmaß ihres Einflusses auf sein Werk richtig erkannt sind, kann durch die Friktion und endgültige Vermittlung zwischen den Vermutungen der Historiker und den Quellen, auf denen sie beruhen, allmählich festgestellt werden. Solche Untersuchungen können weiteres Nachdenken über Clausewitz und seine Zeit anregen, über seinen Versuch, den Krieg in den Formen des frühen neunzehnten Jahrhunderts zu verstehen und zugleich den Krieg in der Vergangenheit zu beachten und dadurch allgemeingültige Eigenschaften des Krieges und ihrer Verbindungen mit der Politik und der Gesellschaft zu erkennen. Vielleicht können dann seine Definitionen und Erklärungen – und vor allem das Beispiel seines unabhängigen, forschenden Geistes – uns nicht nur helfen, seine Theorie und sein Zeitalter besser zu verstehen, sondern auch die Aufgaben der heutigen Kriegsführung und die Problematik des Krieges an sich weiter zu verfolgen und zu erfassen.

Hans Delbrück

General von Clausewitz

Eine der großen Albernheiten, welche unser an dieser Art nur zu reiches Jahrhundert hervorgebracht hat – leider scheint es ja ein unverbrüchliches Gesetz, daß die Bildung in demselben Grade, wie sie sich verbreitet, sich auch verflacht – ist der Spruch: Der Schulmeister hat die Schlacht bei Königgrätz gewonnen. Selten ist es aber auch dem menschlichen Witz gelungen, so schön die Thorheit in Weisheit zu verkehren, als es geschah durch die Wendung, die ein preußischer General jenem Spruche gegeben hat mit dem Zusatz: „jawohl! Dieser Schulmeister hieß Clausewitz."

An eben diesen Mann, an Clausewitz schrieb im Jahre 1823, als auf Scharnhorsts Grab ein Denkmal errichtet wurde, Gneisenau: „Sie waren sein Johannes, ich nur sein Petrus, doch bin ich ihm nie ungetreu geworden wie jener seinem Meister."

Den Mann, von dem so Großes gesagt werden durfte, diesen wahren Schulmeister von Königgrätz, diesen Johannes Scharnhorsts, will ich versuchen, hier in einigen Umrissen zu zeichnen.[1]

Die Clausewitz sind eigentlich eine Theologenfamilie. Sie stammen von einem oberschlesischen Adelsgeschlechte ab, aber der Urgroßvater und Großvater Carls v. Clausewitz waren, wie meh-

---

[1] Der Aufsatz ist zuerst erschienen in der Zeitschrift für Preußische Geschichte, 15. Jahrgang (1878), Heft 3 und 4, Seite 217ff. im Anschluss an das Buch „Leben des Generals Carl v. Clausewitz und der Frau Marie v. Clausewitz geb. Gräfin v. Brühl" von Karl Schwartz. 2 Bände. Berlin, Ferd. Dümmler, 1878. Den Ansprüchen einer Biographie genügt dieses Buch nicht; sein Hauptwert besteht in den von Clausewitz selbst herrührenden Stücken, namentlich höchst interessanten Briefen aus den Jahren 1806-1809, 1812-15 und 1831. Die speziell die Kritik des Schwartz'schen Buches enthaltenden Absätze des ursprünglichen Aufsatzes sind hier fortgelassen; dafür ist er an anderen Stellen erheblich erweitert.

rere ihrer Nachkommen, Pastoren und Professoren in Halle und Leipzig und den benachbarten Ortschaften. Sie bedienten sich des Adelstitels nicht. Der Vater Carls v. Clausewitz gelangte dadurch in die militärische Karriere, daß seine Mutter in zweiter Ehe einen preußischen Major heirathete. Er machte als Lieutnant den siebenjährigen Krieg mit, wurde schwer verwundet und erhielt eine Civilanstellung als königlicher Accise-Einnehmer in Burg bei Magdeburg.

Hier wurde, als der jüngste von vier Brüdern, Carl v. Clausewitz am 1. Juni 1780 geboren. Bis zu seinem zwölften Jahre besuchte er die dortige Stadtschule, dann trat er, in militärischen Traditionen aufgewachsen und von ihnen erfüllt, als Junker in das Regiment „Prinz Ferdinand", welches in Potsdam stand. Als Dreizehnjähriger machte er den Feldzug am Rhein, namentlich die Belagerung von Mainz mit und avancierte zum Offizier. Nach Abschluß des Baseler Friedens kam das Regiment nach Neu-Ruppin in Garnison und Clausewitz hatte jetzt Muße, neben dem Dienst in angestrengtem Fleiß seiner eigenen Bildung zu leben. Zum Jahre 1801 gelang es ihm, die Prüfung für die Aufnahme in die allgemeine Kriegsschule in Berlin zu bestehen, deren Leitung soeben Scharnhorst übernommen hatte. So groß des jungen Clausewitz Freude war über diese Wendung, so tief war seine Niedergeschlagenheit, als er bemerken mußte, daß er trotz der bestandenen Prüfung nicht im Stande sei, den Vorlesungen, die an der Kriegsschule gehalten wurden, zu folgen. Denn die Stadtschule hatte den späteren klassischen Meister unserer Sprache nur bis zu den Anfangsgründen des Lateinischen gebracht und die Mittel der Fortbildung in Neu-Ruppin waren nur sehr mangelhaft gewesen.

In dieser Noth wurde Scharnhorst Clausewitz' Retter und, wie dieser ihn später nannte, der Vater seines Geistes. Unter Scharnhorsts Anleitung überwand Clausewitz alle Schwierigkeiten und kam so weit, neben den Vorlesungen der Kriegsschule auch andere, namentlich die philosophischen Vorlesungen des Kantianers Kiesewetter, zu hören.

1806 war er bei Jena Adjutant des Prinzen August und theilte dessen Gefangenschaft in Frankreich.

Nach seiner Rückkehr arbeitete Clausewitz im Allgemeinen Kriegsdepartement unter Scharnhorst. Dezember 1810 verheirathete er sich mit der Gräfin Marie Brühl, einer Enkelin des ehemaligen sächsischen Ministers Brühl. Aber schon April 1812 riß er sich los von dem geliebten jungen Weibe, verließ den preußischen Dienst und die heimische Erde und ging nach Rußland, um, da der eigene König es nicht gestattete, in fremden Dienst gegen die Unterdrücker seines Landes zu fechten. In verschiedenen Stellungen machte er den Krieg mit; namentlich war er persönlich bei Borodino und an der Beresina gegenwärtig. Am Schluß des Jahres nahm er Theil an den Unterhandlungen, die zu Yorcks Konvention von Tauroggen führten. Da sein Wunsch, jetzt wieder in preußische Dienste zurückzutreten, von dem König, der kein Verständniß und keine Nachempfindung hatte für die Gesinnung, welche um ihm wahrhaft zu dienen, ihn verlassen konnte, abgelehnt wurde, so machte Clausewitz die beiden folgenden Feldzüge als Generalstabs-Chef bei der russisch-deutschen Legion unter Wallmoden mit. Nach Abschluß des Friedens wurde diese Truppe in preußische Dienste übernommen und bei Ausbruch des neuen Krieges wurde Clausewitz Generalstabs-Chef bei dem dritten Armeekorps unter General Thielmann und machte in dieser Eigenschaft den Feldzug von 1815 mit.

Von 1815-1818 war Clausewitz Generalstabs-Chef bei dem Kommando des rheinischen Armeekorps in Coblenz, das anfänglich Gneisenau, später Hake hatte.

1818-1830 lebte Clausewitz als Direktor der Allgemeinen Kriegsschule (Kriegs-Akademie) in Berlin. Nach der damaligen Organisation gab ihm diese Stellung jedoch keinen thatsächlichen Einfluß auf das Bildungswesen der Armee und war in Wirklichkeit eine Sinekure, die Clausewitz in keiner Weise befriedigte. Die Offiziere der Allgemeinen Kriegsschule wußten von seiner Bedeutung so wenig, daß er bei ihnen seiner kupfrigen Nase wegen für einen Trinker galt. Einmal war er als preußischer Gesandter in London in Aussicht genommen. Aber die junkerliche Reaktion in Preußen war in ihrer Schamlosigkeit bereits so weit gekommen, mit Gneisenau und Grolmann auch ihn demagogischer Gesinnung zu verdächtigen und dadurch die Ernennung zu hintertreiben. So blieb er auf jener inhaltslosen Stellung, und hauptsächlich in dieser Zeit verfaßte er seine Werke, ohne jedoch etwas davon zu veröffentlichen.

Noch als General wurde er von der Infanterie zur Artillerie versetzt, weil es in dieser Waffe an Capacitäten, denen man eine hohe Stellung anvertrauen konnte, fehlte. Als er aber eben eine Artillerie-Inspektion erhalten hatte, brach der polnische Aufstand aus und Preußen bildete an der Grenze eine Observationsarmee unter Gneisenaus Oberbefehl. Dieser erbat sich Clausewitz als Generalstabs-Chef. Während dieses Kommandos starb erst Gneisenau, und am 16. November 1831 auch Clausewitz an der Cholera.

Clausewitz hatte, als er zur Armee abging, seine Werke versiegelt. Seine Frau gab sie heraus.

Sie bestehen in einem unvollendeten theoretischen Werk „Vom Kriege" und einer Reihe kriegsgeschichtlicher Untersuchungen; von Gustav Adolf anfangend behandeln sie namentlich sehr eingehend die Strategie der Feldzüge Friedrichs und Napoleons. Hierzu sind nun noch einige kleine Abhandlungen gekommen, welche Schwartz den Nachlaß entnommen und seinem „Leben Clausewitz" eingefügt hat; endlich als Grundlage unserer Kenntnis von der Persönlichkeit und dem innern Leben des Helden der

Briefwechsel mit seiner Frau und seinem Freund Gneisenau, ersterer von Schwartz in dem genannten Buche, letzterer von mir in der großen Ausgabe des Lebens Gneisenaus publiciert.

Voll von großen Momenten erscheint Clausewitz' Leben: die ungeheuersten Krisen von Jena bis Belle-Alliance, die mächtigsten Persönlichkeiten erscheinen darin: dennoch ist die Inhaltsangabe trocken, denn zu einem großen Erfolg brachte es Clausewitz nicht, weder auf dem militärischen, noch auf dem schriftstellerischen Gebiet. Jenen erreichte er nicht, so sehr er ihn erstrebte, diesen versagte er sich selbst, denn was er schrieb, behielt er in seinem Pult.

Es schien ihm entweder nicht bedeutend oder nicht abgeschlossen genug, um es der Öffentlichkeit vorlegen zu können. Erst nach seinem Tode, als seine Werke publiciert wurden und vielfach erst jetzt, seit allgemeineres Interesse und Verständnis für das Militärische durch die Siege erweckt worden sind, hat das deutsche Volk erfahren, welch' ein Mann hier im Verborgenen gelebt hat und wie einer jener fernsten Sterne, die dem Auge der Erdenbewohner erscheinen, nachdem sie längst den Platz, wo wir sie erblicken nicht mehr inne haben, so ist erst nach seinem eigenen Abscheiden dieser Stern an dem Firmament des deutschen Geistesleben aufgegangen, um auf ewig neben den Heroen unseres Volkes zu glänzen als der größte aller militärischen Denker, als der streng genommen einzige echte Klassiker der Strategie, den die Menschheit bisher hervorgebracht. Seine Werke geschrieben in einer Sprache von philosophischer Präcision und Göthescher Schönheit, sind der ewige Brunnen, aus dem das preußische Offiziercorps seine theoretisch-militärische Bildung schöpft und bilden so eine der geheimnisvollen Quellen jener wunderbaren Kraft, die plötzlich in den Jahren 1866 und 1870 die Welt und fast uns selber überraschte und erschütterte.

Wunderbarer Gegensatz: daß die Theorie des Lautesten, Oeffentlichsten und Härtesten im Leben der Menschheit, des Krieges, ausgebildet wurde in der tiefsten, einsamsten Verschlossenheit, jede rauhe Berührung scheuend! Ohne von der Welt in seiner Größe und Bedeutung erkannt zu werden, mußte deshalb der Schöpfer der Theorie der modernen Strategie durch das Leben gehen und er hatte Ehrgeiz genug, diesen Mangel zu empfinden. Die Sonnenseite seines Lebens bilden sein Jünger-Verhältnis zu Scharnhorst, seine Freundschaft mit Gneisenau und seine Ehe. Marie von Clausewitz ist ein Ideal deutscher Weiblichkeit auf preußischem, das heißt politischem Boden, dem Boden der Freiheitskriege, wie Gneisenau ein Ideal deutscher Krieger-Männlichkeit. Die Briefe Gneisenaus an Frau von Clausewitz und ihre Briefe an Gneisenau gehören zu dem Herrlichsten, was die deutsche Sprache kennt. Mit dieser Frau und diesem Freund durfte Clausewitz wohl einmal schreiben: er habe zwar in den Nebendingen des Lebens viel Mißgeschick gehabt, in der Hauptsache aber Glück.

Ich will unsere Betrachtung seiner geistigen Eigenthümlichkeit an einem der von Schwartz jüngst mitgetheilten Aufsätze anknüpfen, welcher uns Clausewitz nicht als Militär-Schriftsteller, sondern als Historiker zeigt. Der Aufsatz führt den Titel „Umtriebe". Er ist im Jahre 1820 oder etwas später geschrieben und behandelt die Genesis der sogenannten demagogischen Bewegung in Deutschland.

Gleich in dem Einleitungssatz finden wir eine historische Anschauung ausgesprochen, von der man sagen darf, daß sie die Summe der späteren mühereichen Forschungen Tocquevilles über die französische Revolution enthalte.

„Nachdem im 17. und 18. Jahrhundert die europäischen Staaten sich fast überall zu reinen Monarchien ausgebildet hatten, waren dem Adel nur Rechte gegen den Unterthan, nicht gegen den

26

Fürsten geblieben. Er war der Herr des Bauern und Bevorrechtete des Bürgers, aber er hatte keinen Theil mehr an der Souveränetät, sondern er war Unterthan geworden wie die anderen. Dies ließ sein Verhältniß zum Bürger und Bauern als ein bloßes Vorrecht, als eine Art von Begünstigung erscheinen." Was ist es, das Clausewitz diese Wahrheit offenbarte? Spezialstudien über den Gegenstand hat er sicher nicht gemacht. So aber ist die Erkenntnißfähigkeit des echten Genies. Clausewitz' Geist war in so eminenter Weise beanlagt für das historische Verständnis, daß ihm die wenigen zu Tage liegenden Thatsachen genügten, den Zusammenhang des Ganzen zu erschließen. Die unsichere Urtheilskraft des ordinären Verstandes verlangt deutliche Thatsachen von jedem einzelnen Schritte zum anderen, um nicht sofort den Weg zur Wahrheit zu verfehlen. Ein Geist von wahrhaft logischer Anlage bedarf nur eines Fingerzeiges, um des geraden Weges zur Erkenntniß sicher zu sein.

In dem Verständniß der Geschichte hat unser Jahrhundert gewiß größere Fortschritte gemacht als irgendein anderes. Wir müssen uns aber erinnern, daß es noch gar nicht lange her ist, als man die französische Revolution von den Intrigen des Herzogs von Orleans herleitete oder gar die Reformation von der Heirathslust eines Augustinermönchs, um es zu würdigen, daß Clausewitz im Jahre 1820 den Anspruch that, daß „niemals eine Revolution sich aus kleinen Ursachen mache." In demselben Aufsatz erklärt Clausewitz es für lächerlich, im Jahre 1815 an eine wirkliche Einigung Deutschlands zu denken. „Deutschland kann nur auf einem Wege zur politischen Einheit gelangen; dieser ist das Schwert, wenn einer seiner Staaten alle anderen unterjocht. Für eine solche Unterwerfung ist die Zeit nicht gekommen."

Doch genug über dieses Kabinetstück einer historisch-politischen Abhandlung, die, offenbar ohne Gedanken an Veröffentlichung geschrieben, jetzt nach zwei Menschenaltern das Licht des Tages erblickt hat. Sie allein würde genügen, Clausewitz einen Platz unter den großen Historikern anzuweisen und sie muß sogar in gewissem Sinne genügen, obgleich Clausewitz daneben die Geschichte mehrerer großer Kriege geschrieben hat. Denn darauf eben will ich hinaus: obgleich sich in diesen Arbeiten sein historischer Geist fortwährend dokumentiert, so hat er seiner Absicht nach sein Thema doch durchaus als Militär-Schriftsteller und nicht als Historiker behandelt. Ich will einige Worte über den Unterschied sagen, der sich leicht auf andere Gebiete übertragen läßt und doch wohl meist zu wenig beachtet wird.

Wer sich über einen historischen Gegenstand ausläßt, mag es ihm auch weder an Fleiß noch an Geist fehlen, ist darum noch kein Historiker. Die meisten Gelehrten, denen man diesen Namen beilegt, sind in Wirklichkeit politische oder Partei-Schriftsteller.

Clausewitz selbst unterscheidet in dem Kapitel „Kritik" (Vom Kriege I. S. 154) drei verschiedene Standpunkte. „Erstens die geschichtliche Ausmittelung und Feststellung zweifelhafter Thatsachen. – Zweitens die Ableitung der Wirkungen aus den Ursachen. – Drittens die Prüfung der angewandten Mittel. Dies ist die eigentliche Kritik, in welcher Lob und Tadel enthalten ist." Das ist der Standpunkt des Militärschriftstellers. Nach diesen Grundsätzen behandelt Clausewitz die Feldzüge Friedrichs des Großen und Napoleons. Er billigt oder verwirft die getroffenen Maßregeln und untersucht die Zulässigkeit anderer. Wenn der Militär-Schriftsteller dabei veranlaßt wird, in der Kriegführung der größten Feldherren Fehler und zwar zahlreiche Fehler aufzudecken, so ist das keine Ueberhebung. Nachträglich unter Kenntniß aller Umstände das Beste rein intellektuell herauszufinden, ist so schwer nicht. Die großen militärischen Ideen sind an sich sogar außerordentlich einfach. Die berühmtesten Manöver, die in der Geschichte als Werke des echten Genies gelten, wie der Zug der Preußen von Ligny nach Belle-Alliance, kann auf der Karte jeder Regimentsschreiber erfinden. Das Große ist die Freiheit des Geistes in dem drangvollen Augenblicke einer großen Krisis und das

Wagniß. Der Militär-Schriftsteller nimmt daher keinen Anstand, uns zu zeigen, wie Napoleon zu vorsichtig, also zaghaft und nicht entschlossen genug handelte, als er in der Schlacht bei Borodino sich mit dem bloßen Zurückgehen der Russen begnügte, statt auch noch seine letzten Reserven daranzusetzen, um einen vollständigen Sieg zu erfechten. Der Militär-Schriftsteller sagt uns, daß bei Belle-Alliance nicht nur die französische Armee zertrümmert, sondern gefangen genommen werden mußte, wenn die Preußen Planchenoit eine Stunde früher nahmen. Er fügt hinzu, daß an dem folgenden Tage auch die Armee Grouchys gefangen genommen werden mußte, da das zweite preußische Armeekorps schon in ihrem Rücken stand, und Grouchy, nur eine halbe Stunde von den Preußen entfernt, unbemerkt davonzog.

Welchen Eindruck würde aber ein solches Resultat oder auch nur eine solche Bemerkung in einem Geschichtswerke machen? Wenn es dem Historiker gelungen ist, eine Empfindung hervorzurufen von der Größe des Schicksals, das bei Borodino unmittelbar an seinem Gipfel und dem ungeheuren Sturze angelangt ist; wenn es ihm gelungen ist, den furchtbaren Mann zu zeigen, der die Welt unter seine Füße gebracht hatte und plötzlich selbst dem letzten seiner Erfolge in dem aufkeimenden Gefühl der Unzulänglichkeit das bisher nie bedachte Maß setzen will, dann verhüllt sich die Kritik vor dem Anblick des Erhabenen und man sieht nicht Schwäche, sondern Natur in der Bedächtigkeit des letzten, doch unvermeidlichen und unvermeidlich verderbenbringenden Schrittes. Es hieße das Peinliche setzen an die Stelle der Andacht, wollte man den Sieges-Dithyrambus von Belle-Alliance schließen mit einer Betrachtung, um wie vieles größer noch dieser Sieg hätte sein können, wenn der oder jener Fehler seitens der Verbündeten vermieden wurde. Man verhehlt nicht, daß diese Fehler gemacht wurden, aber Fehler sind sie nur vom Standpunkt des Militär-Schriftstellers aus, dem Historiker sind sie Erscheinungen der ringenden Gewalten, welche er darstellt wie sie sind, und nicht

wie sie sein möchten. Ihm ist es genug, wenn er es zum Bewußt-
sein gebracht, wie groß in der That die Leistung der Preußen war
in jenen vier Tagen, vom 15. bis 18. Juni 1815; er ist befriedigt,
wenn er auch sieht, wie sie am fünften Tage ermattet hinsinken,
und untersucht nicht, ob eine noch verlängerte Anspannung zu
verlangen gewesen wäre. Genug, daß die Kräfte eben nur bis dahin gereicht haben.

Ist es richtig, daß in der Verschiedenartigkeit der beiden charakte-
risierten Standpunkte der Unterschied zwischen dem Militär-
schriftsteller und dem Geschichtsschreiber liegt, so bedarf offenbar der Letztere des Ersteren. Das Urtheil des Militärschriftstellers liefert das Material für die Kunst des Historikers. Die meisten
Historiker sind freilich nicht fähig, sich zu der reinen Kunstgat-
tung der Geschichtsschreibung zu erheben, sondern produzieren
eine Mischgattung, deren Eindruck weder harmonisch noch ver-
söhnend sein kann. Indem sie die Möglichkeiten aufzählen, wie
der Krieg, sei es von dieser oder jener Seite, vortheilhafter hätte
geführt werden können, und in der Regel vergessen, die Gegen-
rechnung daneben zu stellen, wie auch von der anderen Seite Fehler hätten vermieden werden können, lassen sie uns in dem be-
klemmenden Gefühl, als ob das Leben und Sterben der großen
Nationen dem Zufall anheimgestellt sei, der den richtigen oder
unrichtigen Mann an die Spitze des Heeres bringt oder diesen
Führer in einem bestimmten Augenblick eine bestimmte Maßre-
gel ergreifen läßt. Wie oft ist nicht geseufzt worden über die Unentschlossenheit des Herzogs von Braunschweig, der nicht wagte
auf Paris zu marschieren, als ihn anscheinend Niemand daran zu
hindern vermochte. Die Revolution wäre im Keime erstickt worden – fügt man hinzu. Als ob durch den Entschluß eines Generals eine Macht überwunden werden konnte, die im Begriffe war,
im Verlauf zweier Jahrzehnte das ganze altersschwache Europa
aus den Angeln zu heben! Für einen Historiker gewiß eine sehr
armselige Anschauung von der Geschichte!

Ein Militärschriftsteller hätte zu ganz demselben Resultat kommen dürfen, daß nämlich der Herzog hätte auf Paris marschieren müssen und können; der Eindruck, den dieser Schriftsteller dadurch auf seine Leser hervorruft, ist ein ganz anderer. Er beweist daraus nur die militärische Unfähigkeit des Herzogs von Braunschweig und die Entwicklung der europäischen Völkerverhältnisse bleibt völlig außerhalb des Geschichtskreises.

Clausewitz war seinem Beruf und seiner Absicht nach Militärschriftsteller und nur Militärschriftsteller. Die eminent historische Anlage seines Geistes zeigt sich also nur in gelegentlichen Aperçus, namentlich aber in der so außerordentlich seltenen Fähigkeit absolut objektiver Anschauung. Er erkennt die Dinge, wie sie wirklich sind und darum ist er auch fähig, zu erkennen, warum sie so gewesen sind.

In einem besonderen Fall ist ihm diese Eigenschaft von entscheidendem Nutzen gewesen und hat ihn ohne Zweifel allein vor einem groben wissenschaftlichen Mißurtheil beschützt. Als Theoretiker verfocht Clausewitz mit besonderer Energie den Satz, dass der Zweck der Kriegführung (im engeren Sinne, nicht der politische) die Vernichtung der feindlichen Streitmittel und daher die Schlacht das einzig entscheidende, als Ziel aller Strategie anzusehende Moment sei. Diese Lehre ist das eigentliche Vermächtniß Clausewitz' an die preußische Armee; es ist die Summe und der Schlußpunkt aller seiner Deduktionen. Allen vorhergehenden Systemen lag die entgegengesetzte Ansicht zu Grunde, daß auch durch Manövrieren, Stellungen nehmen, Verbindungen berechnen und abschneiden, im Kriege Erfolge erreicht werden könnten. Die Kriegführung, von der Clausewitz sein Gesetz abstrahierte, wie Lessing die Gesetze der Poesie von Homer, ist die Kriegführung Napoleons. Nun beruhte aber die Kriegführung Friedrich des Großen offenbar ganz wesentlich auf dem entgegengesetzten System. Clausewitz selbst kommt immer wieder zu dem Resultat, daß in der Fridericianischen Periode der Kriegführung die Schlacht als ein Uebel angesehen wurde, dem man sich nur unterzog, wenn es unvermeidlich war. Nicht nur Daun, sondern auch, wenige Momente ausgenommen, Friedrich selbst suchte – natürlich nur objectiv gesprochen – einer Schlacht, so lange es nur immer möglich war, aus dem Wege zu gehen.

Wäre Clausewitz ein bloßer Doctrinär gewesen, so hätte er die gesammte Kriegführung des 18. Jahrhunderts durchaus verwerfen müssen und auch Friedrich nur insofern als großen Feldherrn anerkennen können, als er zuweilen in Augenblicken gesteigerter Kraft von ihr abwich. Vor einer solchen Paradoxie bewahrte ihn sein historisches Gefühl. Allerdings hält er das von ihm aufgestellte und seitdem zum höchsten Grundsatz der modernen Kriegführung erhobene Gesetz fest und sucht auch in der Geschichte des siebenjährigen Krieges seine Gültigkeit nachzuweisen. Aber nicht nur findet er im einzelnen Fall sehr wohl den Grund, weshalb unter den betreffenden Umständen eine Ausnahme gerechtfertigt erschien, sondern er nimmt ganz einfach die irrige, aber einmal herrschende strategische Ansicht als einen berechtigten und mitwirkenden Faktor in sein Raisonnement auf und eliminiert damit aus seinem Urtheil aufs glücklichste seine in der That vorhandene theoretische Voreingenommenheit. Wäre Clausewitz von vorn herein vom historischen Standpunkte ausgegangen, so würde er ohne Zweifel bald gefunden haben, daß in der That sehr gute objective Gründe, entspringend aus der Natur der damaligen Staaten und damaligen Heere, existierten, welche dem 18. Jahrhundert das System des Manövrierens vorschrieben, wie sie im 19. dem stärkerern und höherern Prinzip des Schlagens den Sieg verschafften. Obgleich nun Clausewitz dies nicht allgemein, sondern nur im einzelnen Falle anerkannte, so ist sein Urtheil dadurch dennoch kaum getrübt worden, da er einsichtig genug war, die Abhängigkeit auch des größten Feldherrn von den herrschenden Ideen seiner Zeit als einen Coefficienten in der Bildung seiner Entschlüsse gelten zu lassen. Mochte also auch die

Strategie des siebenjährigen Krieges von angeblich falschen Ideen beherrscht werden, so konnte sich Friedrich dennoch als großer Feldherr bewährt haben. Stellt sich nun nachträglich heraus, daß diese herrschenden Ideen in der That nicht ein Vorurtheil, sondern Wahrheit waren, so bleibt der Autor vor jedem Verlust bewahrt.

Wenn wir von den Berichten einiger großer Feldherren über ihre eigenen Thaten absehen, die doch mehr einer anderen Gattung angehören, so ist Clausewitz ohne Zweifel der größte aller Militärschriftsteller. Es ist schwer, sich da der Frage zu enthalten, wie würde sich wohl Clausewitz als praktischer Stratege, als Anführer eines großen Heeres bewährt haben? Zwar auf anderen Gebieten der Kunst, wenn denn der Ausdruck „Kriegskunst" uns hier leiten darf, verlangt man es nicht, daß der Philosoph und der Kritiker selbst ausübender Künstler sei. Wir brauchen uns aber nicht weiter auf den materiellen, in der Natur der Sache liegenden Unterschied zwischen der Kriegskunst und anderen Künsten einlassen, sondern können uns zunächst daran halten, daß im vorliegenden Fall ohne Zweifel der Anspruch auf praktische Thätigkeit bestand. Zwar weist Clausewitz es selbstverständlich zurück, als ob die Kritik bedeute, daß der Autor prätendire, es besser zu machen als der Kritisierte, aber ohne Zweifel würde Clausewitz sich selbst berufen und befähigt gehalten haben, vorkommenden Falls ein großes Kommando zu übernehmen.

Indem ich mich von vornherein dagegen verwahre, als ob ich dem Ergebniß einer solchen Untersuchung irgend einen objektiven Werth beilegte, kann ich mich doch dem Reiz der aufgeworfenen Frage nicht entziehen und will versuchen ihr nachzugehen, um bei dieser Gelegenheit wenigstens die Begriffe, die dabei zur Sprache kommen müssen, zur Diskussion zu bringen und zu möglichster Klarheit zu erheben.

33

Man darf jede Anziehung von Beispielen anderer Heerführer, die als gelehrte Strategen berufen waren und sich in der Praxis ganz und gar nicht bewährt haben, wie Phull, Massenbach, Willisen weit zurückweisen. Denn die Wissenschaft dieser Herren ist, wenn man näher zusieht, nichts weiter als Gelehrsamkeit. Man wird nicht von den mangelhaften Erfolgen mehr oder weniger origineller Tüfteler auf die Kraft eines echten Denkers schließen wollen.

Für Clausewitz lassen sich nun zunächst zwei Zeugnisse Mitlebender in die Schranken führen. Der spätere General v. Brandt, der als Major dem Hauptquartier Gneisenaus in Polen angehörte und hier Gelegenheit hatte, Clausewitz genau kennen zu lernen, spricht es in seinen Denkwürdigkeiten (II. p. 107) als „seine feste Ueberzeugung aus, Clausewitz würde als Strateg Außerordentliches geleistet haben. Auf dem Schlachtfelde würde er dagegen weniger am Platze gewesen sein. Es ging ihm die Kunst ab, d´enlever les troupes. Es war dies nicht allein Blödigkeit und Befangenheit – es war ein manque d´habitude du commandement. – Wenn man ihn bei den Truppen sah, so merkte man ihm ordentlich eine gewisse Unbehaglichkeit an, die sich verlor, wenn er sich von ihnen entfernte". Diese letztere Bemerkung (Schwartz bemüht sich, wie es scheint in der Meinung, daß Clausewitz dadurch zu nahe getreten werde, dieselbe in seiner Weise zu bekämpfen) stimmt so vollkommen mit allen sonstigen Nachrichten über Clausewitz' Eigenthümlichkeit, seiner außerordentlichen Reserviertheit, welche doch wohl der Hauptgrund ist, daß er niemals, in allen seinen verschiedenen Stellungen, entscheidenden Einfluß gewonnen hat, diesem unendlich bescheidenen Zurückhalten seiner Persönlichkeit, welche ihn vermochte, seine unsterblichen Werke zu schreiben, mit der Absicht, sie erst nach seinem Tode in die Oeffentlichkeit gelangen zu lassen, daß wir die Charakterisierung Brandts als durchaus zutreffend betrachten müssen. Der strategischen Befähigung Clausewitz geschieht aber dadurch auch nach Brandts eigener Meinung kein Eintrag.

Diesem Zeugniß sind wir in der Lage ein zweites, noch gewichtigeres hinzuzufügen. Gneisenau schrieb am 25. November 1817 an den Fürsten Hardenberg über Clausewitz: „Wegen seiner ungemeinen Talente verdiente der Mann im Mittelpunkte der Monarchie und im Staatsrath zu sitzen. Wenn meine Kräfte mir nicht mehr gestatten, eine der ersten Stellen der Armee zu verwalten, so würde ich unbedenklich unter ihm dienen, so groß ist meine Meinung von ihm und mein Vertrauen in ihn."

Solchen Autoritäten gegenüber scheint es fast vermessen, noch diskutieren zu wollen. Dennoch lassen sich einige Bedenken erheben. Gneisenaus wie Brandts Urtheilskraft ist gerade in dem vorliegenden Falle nicht völlig unbefangen. Keineswegs persönlicher Freundschaft wegen – aber Brandt war selbst Militär-Theoretiker und sicherlich prädisponiert, intellektuelle Leistungen auf diesem Gebiet als eine Gewähr für aktive Leistungen anzusehen. Gneisenau aber hatte, wie man es öfter bei Männern der That findet, die mit der Anlage zur Wissenschaft nicht zu selbständiger Beherrschung derselben gelangt sind, einen ganz ungemeinen Respekt vor denen, die er sich an Kenntnissen überlegen fand. Es ist also möglich, daß er auch Clausewitz deshalb überschätzt hat.

Sehen wir einmal von den direkten Zeugnissen ab und zerlegen uns die Wesenheit des kriegerischen Genius in einzelne Eigenschaften, so scheint es unläugbar, daß alles Wesentliche bei Clausewitz vorhanden war. Persönlicher Muth und militärische Einsicht sind da. Unternehmungsgeist und Fähigkeit großer Entschlüsse wird man ebenfalls von einem Mann erwarten können, der seinem Heimathrecht, einer gesicherten Existenz, einer unendlich geliebten, eben gewonnenen Frau entsagend, um den allgemeinen Feind zu bekämpfen, bewies, daß er von großen Impulsen, sei es des Ehrgeizes, sei es des Hasses, bewegt werde.

Was ich alle dem gegenüber dennoch ins Feld zu führen wage, ist zunächst eine Aeußerung, von Clausewitz selbst über Gneisenau. Er schreibt an seine Frau aus Posen (1831): „Für einen guten Logiker habe ich den Feldmarschall niemals gehalten." Diese Bemerkung ist von dem höchsten Interesse. Gneisenau war gewiß ein großer General und Clausewitz erklärt ihn, zweifellos mit Recht, für keinen guten Logiker. Ein guter Logiker zu sein, ist also keine wesentliche Eigenschaft eines großen Generals. Ohne Zweifel ist dies aber gerade die hervorragendste Eigenschaft an Clausewitz, die Eigenschaft, um derentwillen wir hauptsächlich große Leistungen in der Strategie von ihm zu erwarten geneigt sind.

Wer wird einem Friedrich, Napoleon, Gneisenau einen ungemeinen Verstand absprechen? Aber die Anlagen des Verstandes sind verschiedenartig. Der auf das Allgemeine gerichtete, philosophische Verstand ist gewiß etwas anderes als der Verstand des Menschenkenners. Der Verstand, welcher fähig ist, in einer gegebenen, verwickelten Lage sofort alle im nächsten Augenblick möglichen Kombinationen zu übersehen und nach dem Grade ihrer Wahrscheinlichkeit zu berechnen, verräth gewiß einen ungewöhnlichen Geist, aber es läßt sich leicht nachweisen, daß dies weder der Verstand Friedrichs, noch Napoleons, noch Gneisenaus war. Montecuculi sagt einmal geradezu, daß der Feldherr auch einiges dem Zufall überlassen müsse; er spricht es sogar direkt aus, daß er nicht an alle verschiedenen Möglichkeiten denken solle. In der That läßt es sich auch bei großen Feldherrn mehrfach nachweisen, daß sie sich mehr auf die Eingebungen des Moments, als auf Vorausberechnungen der verschiedenen Möglichkeiten verlassen haben und zuweilen die allernächst liegenden Eventualitäten vollkommen übersahen. Und im Resultate sind dieser ihrer Eigenschaften ohne Zweifel mehr ihre Erfolge als Niederlagen und Verluste zuzuschreiben.

Dagegen sind zwei Eigenschaften dem Feldherrn unentbehrlich, die dem dialektischen Verstande fast konträr entgegengesetzt scheinen: das ist die natürliche Unempfindlichkeit der Seele gegen das, was Clausewitz selbst die Friction nennt und im engsten Zusammenhang damit jener unbedingte Glaube an den Erfolg, das eigenthümlich kühne Vertrauen auf das Glück, was Beides fast allein Blücher, trotz aller seiner Mängel zu einem großen Feldherrn machte. Diese Spielerkühnheit, wie Clausewitz es bezeichnet, scheint unvereinbar mit einem Verstande, der gewohnt ist, jede einzelne Chance in allen ihren Folgen zu berechnen. Das Schlimmste tritt gewöhnlich nicht ein, sagt Clausewitz bei Gelegenheit von Ligny, als man bemerkte, daß die Franzosen nicht verfolgten. Es ist doch aber ein unendlicher Unterschied, ob man eine solche Reflexion anstellt und darauf hin seinen furchtbar entscheidenden Entschluß faßt, oder ob man in der unmittelbaren Zuversicht, daß der Erfolg unmöglich gegen uns sein könne, sich dahin wendet, wo man den Feind am tödtlichsten zu treffen hofft. Es ist doch wohl sehr zweifelhaft, daß Gneisenau den Entschluß zum Rückzug von Ligny nach Wavre gefaßt haben würde, wenn er sich ausmalte, in welcher Lage das preußische Heer sich befinden würde, wenn etwa Napoleon am anderen Tage mit dem Gros seiner Armee sich abermals auf die Preußen würfe, während Wellington sich nur um einen halben Tagesmarsch zurückzog. Wer sich alle die möglichen Schrecken mit dem Verstande vergegenwärtigt, ist schon nicht weit davon, von ihrem Eintreffen besorgt zu sein, und das Schwarzsehen im Kriege ist für den Feldherrn eine ganz besonders gefährliche Eigenschaft. Dazu aber gerade ist ein Mann von der Geistesschärfe Clausewitz' besonders disponiert und wir finden in der That, daß dies als ein Faktum von drei verschiedenen Quellen bei drei verschiedenen Gelegenheiten von ihm berichtet wird. An sich läßt sich gegen alle diese Zeugnisse mancherlei einwenden, wie wir sehen werden, aber ihre Uebereinstimmung bis auf das Wort „Schwarzsehen" ist doch so eigenthümlich, daß die Thatsache nicht angezweifelt werden kann.

1812 kam Clausewitz in dem russischen Feldzuge öfter mit dem Herzog Eugen von Württemberg, einen ganz hervorragenden Soldaten, zusammen und dieser berichtet, Clausewitz habe damals sehr schwarz gesehen. Nun findet sich allerdings davon nichts in den gleichzeitigen Briefen Clausewitz' an seine Frau, und auf der anderen Seite ist der Herzog Eugen gegen Clausewitz eingenommen – das genügt aber doch wohl nicht, seinem Zeugnisse alle und jede Kraft abzusprechen.

1815 war Clausewitz Generalstabs-Chef des dritten Armeekorps unter General Thielmann. Das Korps machte, ebenso wie die anderen in den Tagen vom 16. bis 19. Juni sehr entschiedene Fehler, die alle eine gewisse Aengstlichkeit verrathen. In der Schlacht bei Ligny brachte es gegen ganz unbedeutende Angriffe der Franzosen viel zu viel Truppen ins Gefecht, ohne doch energisch vorzugehen, bei Wavre am 19. zog es sich vor der Uebermacht Grouchys zurück, obgleich es schon die Nachricht von dem Siege des 18. hatte. In erster Linie trifft die Verantwortlichkeit hierfür natürlich den General Thielemann, dieser aber hat später dem General v. Reiche gegenüber sich mit dem Drängen seines Generalstabs-Chefs entschuldigt, der sehr schwarz gesehen habe.

Endlich gebrauchte denselben Ausdruck Brandt in Betreff Clausewitz' Ansicht über den russisch-polnischen Krieg 1831.

Napoleon sagt einmal, in dem Gespräch auf St. Helena, eine sehr vortheilhafte Eigenschaft für einen General sei das Gleichgewicht der Seelenkräfte. Einsicht und Kühnheit müßten einander entsprechen. Eugen Beauharnais habe Beides nur in einem ziemlich geringen Grade gehabt, sei aber doch ein tüchtiger General gewesen, da er immer wagte, seine Ideen auch auszuführen, und nie in

Zweifel und Unentschlossenheit gerieth durch das Erwägen von Plänen, die er doch nicht den Muth gehabt hätte, durchzuführen. Das Gleichgewicht als solches ist schon werthvoll. Von Clausewitz darf man in der That, ohne ihm zunahe zu treten, sagen, daß er schwerlich je zu diesem Gleichgewicht gelangen konnte, denn sein Verstand war ja so umfassend, daß er Alexander und Napoleon hätte übertreffen müssen, um an Kühnheit auf derselben Höhe zu sein.

Diese Ausführungen, glaube ich, genügen, um die Behauptung zu rechtfertigen, daß der schärfste, dialektische Verstand verbunden mit persönlicher Bravour, an sich keine Gewähr geben für das Vorhandensein jener eigenthümlichen strategischen Kühnheit, welche erst den wahrhaft großen Feldherrn macht. Man mag dieses Resultat auf Clausewitz anwenden, mit dem Vorbehalt erstens, daß ein solches Urtheil ziemlich zwecklos ist und zweitens, daß es nur gelten würde, insofern man an Clausewitz den Maßstab seiner Schriften anlegt; denn nur darum kann es sich handeln, ob er den größten der Generale zugehört haben würde, wie er einer der tiefsten und schärfsten Denker ist. Daß Clausewitz als ein thätiger, muthiger, ungewöhnlich einsichtiger Mann und erfahrener Soldat einen über das Gewöhnliche hervorragenden General abgegeben haben würde, kann keinem Zweifel unterliegen.

Für das noch Höhere existiert ein absoluter Maßstab wohl überhaupt nicht. Die Umstände kommen dann nicht weniger in Betracht als der Mann. Vor Allem sind die Kriege unter sich sehr verschieden und verlangen verschiedene Feldherren. Man kann fast eben so sehr zweifeln, ob Napoleon den Defensivkrieg Wellingtons in Spanien zu führen fähig gewesen wäre, wie umgekehrt, ob Wellington Napoleons Kriege hätte führen können. Ein Krieg, wie der von 1870, fordert gewiß vielfach andere Eigenschaften, als der von 1813. Ob Clausewitz die zerreibenden persönlichen Friktionen der Generale und Nationalitäten des Jahres 1813 über-

standen und überwunden haben würde, mag zweifelhaft erscheinen. Für die präcisen Berechnungen des Jahres 1870 wäre er vielleicht gerade der geeignete Mann gewesen.

Peter Paret

Die Funktion der Geschichte in Clausewitz' Verständnis des Krieges

1.

Auch wenn wir rigorose Methoden zur Auswahl und Deutung eines Themas der Vergangenheit entwickeln und anwenden, spiegeln historische Texte die Ansichten und Eigenschaften ihrer Verfasser. Die folgenden Anmerkungen zu Clausewitz' umfangreichen historischen Schriften berücksichtigen den Mann und seine Zeit, seine Erfahrungen und Reaktionen, um mehr Klarheit über ihren Einfluss auf seine historischen Arbeiten zu gewinnen, und die Verbindungen zwischen Geschichte und Theorie in seinem Werk zu verfolgen.

Zuerst sein familiärer Hintergrund. Carl von Clausewitz' Vater, der Enkel eines Pastors und Sohn eines Professors der Theologie an der Universität Halle, wurde in dem Glauben aufgezogen, dass seine Familie einst adlig war, ihren Titel aber im 17. Jahrhundert abgelegt hatte, vielleicht weil die Bekundung ihres Adels nicht gut zu ihrer religiösen Berufung passte.[1] In der Hoffnung auf eine Laufbahn in der preußischen Armee ergänzte er seinen Namen um das »von« und diente in den späteren Phasen des Siebenjährigen Kriegs als Secondelieutenant in einem Infanterieregiment.

---

[1] Peter Paret, *Clausewitz and the State. The Man, his Theories, and his Times*, überarbeitete Ausgabe, Princeton 2007, S. VI-XVII, S. 13-35. Die Archivforschungen von Bernhard Thüne-Schönborn, besonders seine Berichte in den *Burger Clausewitz Jahrbüchern* 2017 und 2018, sowie die Arbeit des Burger Freundeskreises Carl von Clausewitz haben in den letzten Jahren Clausewitz' komplizierte Familiengeschichte und seine frühen Jahre weiter erhellt. Für ihre Unterstützung bin ich Bernd Domsgen, Rolf Gädke und anderen Mitgliedern des Freundeskreises zu Dank verpflichtet.

Am Ende des Krieges wurde er jedoch zusammen mit mehreren anderen Offizieren entlassen, weil sie ihre adlige Abstammung nicht nachweisen konnten, und auf eine untergeordnete Stelle in der Steuerverwaltung abgeschoben. Von da an war sein Leben von gescheiterten Versuchen geprägt, wieder in die Armee aufgenommen zu werden oder im Staatsdienst aufzusteigen. Erst der frühe Tod seines Vaters, des Theologen, führte schließlich zu einer Verbesserung des sozialen Status der Familie. Die Witwe verheiratete sich wieder, diesmal mit einem norddeutschen Adligen, Gustav Detlof von Hundt, der zum Kommandeur des 34. Infanterieregiments aufstieg, ein Regiment, das mit einem Prinzen als zeremoniellem Chef hoch in der Rangordnung der Armee stand. Die gesellschaftliche Stellung ihres neuen Stiefgroßvaters ermöglichte zwei der älteren Brüder Carl von Clausewitz', Offiziere zu werden, einer von ihnen im 34. Infanterieregiment. Da er hoffte, Carl im selben Regiment unterbringen zu können, nahm sein Vater ihn am 1. Juli 1792, seinem zwölften Geburtstag, oder kurz davor, zu einer Unterredung mit dem neuen Befehlshaber des Regiments, dem Nachfolger von Hundt. Wahrscheinlich weil er nicht erklären wollte, wie jung sein Sohn wirklich war – und zwölf war ein frühes Alter, obwohl gelegentlich sogar zehn- und elfjährige als Gefreitenkorporale angenommen wurden –, datierte sein Vater Carls Geburtstag um einen Monat zurück, und für die nächsten zweihundert Jahre nannte die Literatur den 1. Juni als Carl von Clausewitz' Geburtsdatum. Das Gespräch verlief gut und endete damit, dass der Kommandeur den Jungen als Gefreitenkorporal in das Regiment aufnahm; im Wesentlichen ein Kadett, eine Position, die für junge Männer reserviert war, deren familiärer Hintergrund es ihnen ermöglichte, in den Offiziersrang aufzusteigen. Nach einer Kindheit in einer Familie, in der Clausewitz »in seinem elterlichen Hause [...] fast nur Offiziere [sah], und zwar nicht gerade die gebildetsten und vielseitigsten«,[2] wie er

---

[2] Carl von Clausewitz, *Nachrichten über Preußen in seiner großen Katastrophe*, Kriegs-

später sagte, wurde sein Eintritt in den Dienst durch Vermutungen und Lügen ermöglicht, was dem Jungen nicht verborgen geblieben sein konnte. Jahre später beschrieb Clausewitz seiner zukünftigen Frau, wie er sich bei dieser entscheidenden Begegnung und danach gefühlt hatte:

»Ich gestehe, daß die Idee, für einen Usurpator, für einen Glücksritter genommen zu werden, die Idee des Verdachtes, daß ich meiner Verwandten mich schämen könnte, die noch dazu überaus rechtliche Leute waren, mir stets wie ein spitziger Pfeil tief ins Herz gedrungen ist […].«[3] Offensichtlich war ihm bewusst, dass er den institutionellen Regeln und gesellschaftlichen Anforderungen des Dienstes, in den er eintrat, nicht als Angehöriger jener Eliten begegnete, die diese Bedingungen in Übereinstimmung mit der Krone stellten, sondern als Eindringling – eine Erkenntnis, die es ihm ermöglichen konnte, die preußische Armee bei der Erfüllung ihrer Aufgaben und sogar diese Aufgaben selbst allmählich aus einem anderen Blickwinkel, vielleicht auch anders zu sehen.

Clausewitz hatte sechs Monate Zeit, um die Grundausbildung des Garnisonsdienstes und des Exerzierens zu lernen, und wurde zum Fähnrich befördert, bevor sein Regiment als Teil des preußischen Kontingents im Ersten Koalitionskrieg gegen das revolutionäre Frankreich Marschbefehl nach Westen erhielt. Im Laufe der nächsten anderthalb Jahre lernte er den Krieg im Rheinland und im nördlichen Elsass in manchen seiner vielen Formen kennen, von Scharmützeln und Schlachten bis zur Belagerung von Mainz. Die brutale Gewalt, die die Welt des Soldaten prägte, in der sich der Jüngling jetzt befand, umgeben von tausenden von Männern

---

geschichtliche Einzelschriften, Heft 10, Berlin, 1888, S. 428.

[3] Carl von Clausewitz an Marie von Brühl, 13. Dezember 1806, *Karl und Marie von Clausewitz. Ein Lebensbild in Briefen und Tagebuchblättern*, hg. von Karl Linnebach, Berlin 1916, S. 74 f.

und doch allein, forderte seine Gefühle und Gedanken heraus. Wenn er es nicht vorher gewusst hatte, so lernte er bald, dass sich die gegenüberstehenden Kräfte in ihren sozialen Merkmalen und ihrer Ausbildung unterschieden. In Preußen stellten die oberen Klassen die Offiziere, die mittleren Klassen waren vom Militärdienst befreit, und die gemeinen Soldaten setzten sich aus den ärmsten, unterprivilegiertesten Angehörigen der Bevölkerung zusammen, die verpflichtet waren zu dienen, zusammen mit tausenden von Söldnern aus deutschen Staaten und dem Ausland. Der harte Drill, dem diese Männer unterzogen wurden, hatte vor allem das automatische Befolgen von Befehlen zum Ziel, ein Ideal, dem ein Teil der Armee, die Infanterie, in der kleinsten Bewegung jedes Musketiers am nächsten kam. Ihre französischen Gegner hingegen waren Offiziere und Soldaten der ehemaligen königlichen Armee, denen sich unter der Revolutionsregierung die ersten Abteilungen der *levée en masse* sowie patriotische Freiwillige anschlossen – Auswirkungen der politischen und gesellschaftlichen Umwälzung, die sich zu einem taktischen und operativen System zu verbinden begannen. Diese Unterschiede mussten die Taktik beider Seiten beeinflussen. Und doch könnte einem Beobachter ihr Verhalten im Feld annähernd ähnlich erscheinen. Ein Beispiel: Die in der preußischen Armee unablässig exerzierte und eingeübte Reihe von Schritten und Wendungen, durch die sich eine Infanterieeinheit von der Marschkolonne zu einer breiten Front entfaltete, die dann abschnittsweise vorrückte und feuerte, brach im Kampf bald auseinander. Die Reihen öffneten sich, als das Vorwärtsschreiten und Halten, Laden und Feuern der Soldaten unter der Wirkung des feindlichen Feuers ihren exakten Rhythmus verlor. Zugleich schlug aber auch das Feuer der Angreifer in die Reihen der Verteidiger, und machte ihre Salven unregelmäßig.[4] Der französische Gegner entwickelte sich in ähnli-

---

[4] Curt Jany, *Die Gefechtsausbildung der Preußischen Infanterie von 1806*, Urkundliche Beiträge und Forschungen zur Geschichte des Preußischen Heeres, Berlin

chen, wenn auch nicht so komplexen Formationen wie die Preußen, ihre Methoden aber, verstärkt durch eine weniger gespaltene soziale Basis und oft auch einen neuen integrativen Patriotismus, konnten auf lange Sicht zu einem engeren, konsequenteren Verhältnis zwischen Ausbildung und Kampf führen.

Wir wissen nicht, inwiefern diese Umstände oder auch nur der scheinbare Widerspruch zwischen dem Ziel höchster taktischer Ordnung und der Unordnung, zu der es im Einsatz führen konnte, bereits den jungen Clausewitz beschäftigte. Später erinnerte er sich, dass sein erstes Kriegserlebnis bald Fragen aufwarf, die auf eine Antwort drängten. Im März 1795 erfolgte seine Beförderung zum Secondelieutenant. Im folgenden Monat wurde der Friede von Basel geschlossen, und sein Regiment brach zur Rückkehr nach Preußen auf. Für einige Zeit machte das Regiment in Osnabrück in Westphalen Halt; die Offiziere wurden in Bauernhäusern quartiert, die Soldaten in Scheunen, und Clausewitz genoss nach fast drei Jahren seine erste Erholung vom Dienst. Er lebte mehrere Monate bei einer Bauernfamilie, und, wie er sich später erinnerte, »[m]it einem Male dem Schauplatze des Krieges entzogen, in die Stille des Landlebens in seiner ganzen Bedeutung versetzt, fiel der Blick des Geistes zum ersten Male in mein Inneres«.[5] Er lieh oder kaufte sich Bücher in der nahegelegenen Stadt, darunter Traktate der Illuminaten, einer Geheimgesellschaft, die den Wirklicheitssinn des Individuums auf ein erhabenes, über die alltäglichen Dinge hinausblickendes Niveau steigern suchte, Bestrebungen, die einen gewissen Einfluss auf das deutsche Denken im späten 18. Jahrhundert hatten. Sie sprachen den jungen Leutnant offensichtlich an, obwohl er den Mystizismus des Ordens ablehnte. Auf diese Monate, die der einsamen Lektüre und Reflexion gewidmet waren, folgte eine zweite Bildungsphase in Clausewitz'

1903, S. 49-51.

[5] Carl von Clausewitz an Marie von Brühl, 3. Juli 1807, *Karl und Marie von Clausewitz*, S. 128.

Leben. 1795 erhielt das Regiment wieder einen neuen Kommandeur, Oberstleutnant von Tschammer, in der Armee für seine Überzeugung bekannt, dass Bildung sowohl den Offizier wie den Gemeinen zu einem besseren Soldaten machte. Jetzt, da das Regiment zum Friedensdienst zurückkehrte, organisierte Tschammer eine Anzahl einfacher Kurse für die Mannschaften, die von zivilen Lehrern und jungen Offizieren gehalten wurden, unter denen sich vielleicht auch Clausewitz befand.[6] Um die finanzielle Situation der gemeinen Soldaten zu verbessern, erweiterte Tschammer sein Programm mit Kursen im Klöppeln und Spinnen für ihre Frauen und Töchter. Der Unterricht für die Offiziere umfasste Kurse in Mathematik, Geographie und Geschichte. Offiziere, die ein Interesse zeigten, ihre Bildung über das gewöhnliche Niveau hinaus zu erweitern und genügend Begabung dazu zeigten, konnten mit Billigung des Regimentskommandeurs um die Zulassung zu der kleinen zentralen »Lehranstalt für junge Infanterie- und Kavallerieoffiziere in den militärischen Wissenschaften« in Berlin ersuchen. Nach fünf Dienstjahren im 34. Infanterieregiment, wie Clausewitz schrieb, »von lauter prosaischen Erscheinungen und Naturen umgeben und bearbeitet«, eine Kritik an dem Druck, den sein gesellschaftliches Umfeld auf ihn ausübte, die von nun an mehr als einmal in seinen Briefen und schließlich auch in seinen Schriften auftaucht, bewarb er sich bei der Lehranstalt und wurde 1801 angenommen.[7] Die folgenden drei Jahre verbrachte er an dem Institut – die dritte und entscheidende Bildungsphase in seinem Leben.

Im selben Jahr, in dem Clausewitz zur Lehranstalt kam, erhielt die Anstalt einen neuen Leiter, Gerhard Scharnhorst, einen jener nichtpreußischen Offiziere, die die preußische Armee zu rekrutieren pflegte, als sich der Staat und mit ihm die Armee vergrößerte.

---

[6] Zu Tschammer vgl. Paret, *Clausewitz und der Staat*, S. 72-77.

[7] Carl von Clausewitz an Marie von Brühl, 3. Juli 1807, *Karl und Marie von Clausewitz*, S. 128.

Scharnhorst, Sohn eines ehemaligen Wachtmeisters der hannoverschen Kavallerie, dessen Frau ein kleines Gut erbte und damit ihre Familie gesellschaftlich über die gewöhnlichen Mannschaften erhob, hatte seit 1778 in der hannoverschen Artillerie gedient – eine Waffengattung, die mehr empfänglich für nichtadlige Offiziere war als die Infanterie und die Kavallerie. Er unterrichtete in der neuen Artillerieschule der Armee und schrieb technische und operative Werke, darunter das *Militärische Taschenbuch zum Gebrauch im Felde*, das dreimal nachgedruckt und ins Englische übersetzt wurde. Zusammen mit Friedrich von der Decken, einem Offizier aus einer alten adligen Familie, dessen militärische und politische Ansichten wesentlich konservativer waren als Scharnhorsts, der ihm aber trotzdem ein lebenslanger Freund wurde, gab er eine Zeitschrift für militärische Angelegenheiten in Vergangenheit und Gegenwart heraus, die von der Breite der Meinungen ihrer Herausgeber profitierte. In den Kampagnen gegen das revolutionäre Frankreich zeichnete sich Scharnhorst im Feld sowie als Stabsoffizier aus. Er wurde von der Artillerie in den Generalstab versetzt und zum Oberstleutnant befördert. Nach seiner Rückkehr veröffentlichten er und von der Decken in ihrer Zeitschrift zwei Reihen von Studien über den Krieg mit Frankreich, für die Scharnhorst zwei einleitende Essays verfasste. Im ersten dieser Texte mit dem Titel »Entwicklung der allgemeinen Ursachen des Glücks der Franzosen in dem Revolutionskriege« verbindet er eine Geschichte der strategischen und operativen Begebnisse mit der Darstellung des Einflusses der politischen Veränderungen auf die Kampfhandlungen beider Seiten. Wie er in seinem einleitenden Satz schreibt: »Die Quelle des Unglücks, welches die verbundenen Mächte in dem französischen Revolutionskriege betroffen hat, muß tief mit ihren inneren Verhältnissen und denen der französischen Nation verwebt sein [...].« Er unterstrich diese Feststellung, indem er das Wort »Verhältnisse« um eine Fußnote ergänzte: »Man versteht unter diesem Worte in dieser Abhandlung sowohl das Verhältniß des physischen als des moralischen Zustandes.«[8] Scharnhorsts Erörterung ihres Einflusses auf individuelle und kollektive Reaktionen ist sachlich-nüchtern, er verteidigt weder die alliierte noch die französische Seite, widmet aber Gesinnungen, Gefühlen und Überzeugungen ungewöhnliche Aufmerksamkeit. Der psychologische Teil der Kriegskunst, erklärt er in seiner Einleitung zur zweiten Reihe der Studien über die Revolutionskriege, »ist ohnehin ein sehr wenig bekanntes Feld. Diesem Umstande haben wir es zuzuschreiben, daß der Hauptnutzen der Geschichte: die schwere und doch so nützliche Kenntniß des menschlichen Herzens, die durch nichts leichter erlangt wird, als durch die Untersuchung solcher Begebenheiten, die eine Folge großer und weitaussehender Entwürfe waren [gemeint sind Pläne, die ihren Ursprung in den Köpfen und Wünschen von Befehlshabern oder ihren militärischen oder politischen Vorgesetzten haben, P], beinahe ganz verloren geht.«[9]

Unter den frühen Diskussionen über die Revolution im Kriegswesen, die damals in Europa geführt wurden, öffneten Scharn-

---

[8] Gerhard von Scharnhorst, »Entwicklung der allgemeinen Ursachen des Glücks der Franzosen in dem Revolutionskriege« (1797), in: *Militärische Schriften von Scharnhorst,* hg. von Colmar von der Goltz, Dresden 1891, S. 195.

[9] Zitiert nach Colmar von der Goltz in seiner Einleitung zur »Entwicklung der allgemeinen Ursachen ...«, ebd., S. 194. Der Grund für Scharnhorsts Interesse an Gefühlen ist unbekannt. Das Aufbegehren gegen den Rationalismus war jedoch eine europaweite Bewegung in der zweiten Hälfte des 18. Jahrhunderts, die durch die Französische Revolution neuen Auftrieb erhielt. Ein Jahrhundert später verleitete Scharnhorsts bemerkenswerte Betonung der »Entwürfe« und ihres Zusammenhangs mit der Psychologie als zentralen Gegenständen der historischen Forschung den Herausgeber seiner Schriften, den künftigen Feldmarschall von der Goltz, zu dem ebenso bemerkenswerten Kommentar: »Diese Zeilen lassen Scharnhorst's Ansichten über Geschichtsschreibung deutlich erkennen [...]. Man könnte sie in Kürze dahin zusammenfassen, daß auch er eine Geschichte des Gewollten und Gedachten für wichtiger hält, wie eine Geschichte der von vielen Zufälligkeiten abhängigen Thatsachen. Für das Studium ist es gewiß lehrreicher, den inneren *Ursachen* der Vorgänge, als diesen selbst nachzuspüren, und den psychologischen Gewalten, welche im Kriege eine so große Rolle spielen, besondere Aufmerksamkeit zuzuwenden.« Ebd.

horsts einleitende Texte überraschend neue Ansichten, ohne sofort weitere Zustimmung zu finden. Ein mehr allgemeines Verständnis seiner Auffassung der psychischen Kräfte, die im Krieg entwickelt, aber auch gehemmt werden, hätte eine Revolution in der militärischen Literatur auslösen können. Dafür war die Zeit noch nicht gekommen. Stattdessen war die unmittelbare Folge der Veröffentlichungen, Scharnhorst als Verfasser militärwissenschaftlicher Schriften noch bekannter zu machen. Die Erkenntnis, dass in Hannover eine weitere Beförderung für jemanden mit seinem bescheidenen Hintergrund unwahrscheinlich war, konnte Scharnhorsts Empfänglichkeit für Avancen aus Preußen nur verstärken. Nachdem seine preußischen Gewährsmänner ihn einer bedeutenden Stellung und des erblichen Adels versichert hatten, nahm er 1801 seinen Abschied und trat als Oberstleutnant der Artillerie in den preußischen Dienst.

Die Lehranstalt, der er nun vorstand und in der vierzig bis fünfzig Offiziere einen dreijährigen Lehrgang absolvierten, hatte mit dem Wandel in der Kriegsführung, wie er durch die Französische Revolution herbeigeführt worden war, nicht Schritt gehalten. Scharnhorst, an einen Generalobersten berichtend, besaß genügend Autorität, die Fakultät zu erneuern und den Lehrplan umzugestalten, der nunmehr Mathematik, Grundlagen der Logik (bei der Beurteilung von Ereignissen und in dem Prozess, der zu Entscheidungen führt), Taktik und Strategie, Artillerie, Befestigungswesen und Belagerungskrieg sowie Kriegsgeschichte umfasste. Einige der Fächer unterrichtete er selbst. Schießübungen und Erdarbeiten ergänzten die Vorlesungen. Von seinen Schülern, unter ihnen Clausewitz, haben sich Aufzeichnungen und Lösungen von Aufgaben erhalten, von denen einige auf Scharnhorsts *Militärischem Taschenbuch* beruhen, und die etwas über seine neue Art des Unterrichts verraten. Die Organisation der preußischen Armee und ihre strategische und taktische Doktrin waren sicher immer wieder erwähnte Richtlinien, der Schwerpunkt aber lag auf etwas anderem: den Aufgaben, die es im Feld zu bewältigen galt, und der Tauglichkeit der diskutierten Maßnahme, ob es um das Entsenden einer Patrouille oder die Planung eines Angriffs ging; aber auch auf so schwer bestimmbaren Variablen wie dem Temperament eines Befehlshabers und nicht nur dem physischen, sondern auch dem psychischen Zustand der Mannschaften. In seinen Vorlesungen wie in seinen historischen Schriften betonte Scharnhorst die Bedeutung der psychologischen Seite des Krieges und verband die Kampfhandlungen, die er beschrieb und analysierte, mit den Gefühlen und Vorstellungen der Menschen, die sie planten und ausführten.

In dieser Atmosphäre eines disziplinierten, aber auch unabhängigen Denkens blühte Clausewitz auf. Sein Vater, der ihn einige Jahre zuvor zum Militärdienst gebracht hatte, starb bald nach Clausewitz' Aufnahme in die Lehranstalt. An seine Stelle trat in mehr als einer Hinsicht Scharnhorst, dessen nichtadlige Herkunft eine Seite in Clausewitz' Gedanken und Gefühlen berührt haben mag. Als »Vater und Freund meines Geistes« bezeichnete er ihn in späteren Jahren.[10] Scharnhorst seinerseits erkannte das Potential des jungen Leutnants. Schon im Winter 1801 beurteilte er Clausewitz zusammen mit einem anderen Offizier, Leutnant Carl von Tiedemann, mit dem Clausewitz eine enge Freundschaft schloss, als die beiden besten Schüler ihres Lehrgangs.

---

[10] Carl von Clausewitz an Marie von Brühl, 28. Januar 1807, *Karl und Marie von Clausewitz*, S. 85.

2.

In diesen Jahren am Institut verfasste Clausewitz seine ersten historischen Studien. Zu ihnen gehören mehrere kurze Stücke über ältere Kriege und ein Text von etwa 26.000 Wörtern, »Gustav Adolphs Feldzüge von 1630-1632«, der in der Ausgabe seiner nachgelassenen Schriften veröffentlicht ist.[11] Vielleicht regten ihn die Vorlesungen, die er an der Lehranstalt hörte, zu dieser ausführlichen historischen Darstellung an. Von einer Institution, die junge Offiziere unterrichtete, konnte man Kurse in Kriegsgeschichte erwarten, deren Zweck gleichermaßen erzieherischer wie ideologischer Natur war. Im Berlin des beginnenden 19. Jahrhunderts zielte der Geschichtsunterricht der Lehranstalt offensichtlich darauf, den Schülern grundlegende Informationen über die Kriege zu vermitteln, die das Kurfürstentum Brandenburg zum Königreich Preußen gemacht hatten, und – im steten Bemühen, die Loyalität der Schüler zu stärken – die Namen der militärischen Siege, die jedermann von Kindheit an vertraut waren, mit einer schlüssigen, sinnvollen Kette von der Vergangenheit bis in die Gegenwart zu verbinden. Clausewitz' Geschichte von Gustav Adolfs Feldzügen dient jedoch keinem dieser Zwecke. Bereits seine Wahl eines Themas, das in den Darstellungen von Brandenburgs Aufstieg zu europäischer Bedeutung selten viel Raum einnahm, deutet darauf hin, dass er in der Untersuchung des Krieges seinem eigenen Weg folgte, einem Weg, der das historische Verständnis mit eher persönlichen Interessen verband.

In den frühen 1790er Jahren war Clausewitz vom Dienst im Ersten Koalitionskrieg geprägt und geprüft worden, einer gewaltigen, vielschichtigen Erfahrung, die er in jungem Alter gemacht hatte.

---

[11] Carl von Clausewitz, »Gustav Adolphs Feldzüge von 1630-1632«, *Hinterlassene Werke des Generals Carl von Clausewitz über Krieg und Kriegführung*, Bd. IX, Berlin 1837, S. 1-106, mit Anmerkungen von Carl Graf von der Gröben, dem Herausgeber der Bände IX und X.

Anschließend, wie er später in Erinnerungen an seine Monate in Westfalen festhielt, begann er über seine Gefühle hinsichtlich dieser Erfahrung nachzudenken und sie in Frage zu stellen. Gewiss ließen sich seine unmittelbaren und späteren Reaktionen auf das, was er gesehen und getan hatte, zum Teil durch die Natur der Ereignisse selbst erklären. Aber hier kam ihm offenbar ein weiterer Gedanke, eine wichtige Quelle seines zunehmenden Interesses an dem Krieg als Thema der Geschichte. Was er im Rheinland und im Elsass erlebt und verarbeitet hatte, war spezifisch und einzigartig, aber doch charakteristisch für vergleichbare Ereignisse in anderen Kriegen der Vergangenheit oder Gegenwart. Die Geschichte früherer Kriege – wie Männer zusammengebracht und dazu ausgebildet wurden, in gemeinsamem Vorgehen zu töten, während sie gleichzeitig die Möglichkeit, selbst getötet werden zu können, ignorierten oder zu ignorieren versuchten – legte nahe, dass trotz aller Unterschiede zwischen Vergangenheit und Gegenwart frühere Ereignisse auch dazu beitragen konnten, das Hier und Jetzt zu erklären. Der junge Mann begann sich für die Geschichte lange zurückliegender Kriege zu interessieren, um auf diesem Weg den Krieg, den er selbst miterlebt hatte, zu verstehen, seine Reaktionen auf diesen Krieg und seiner künftigen Formen, auf die er sich vorbereitete, und auch um den Krieg an sich zu verstehen, »den eigentlichen Krieg«, für dessen Vermittlung in der Lehranstalt und in seinen Einleitungen zu den Studien über den Krieg gegen das revolutionäre Frankreich er Scharnhorst später pries.[12] Für Clausewitz verallgemeinerten das Studium und bald auch das Schreiben über vergangene Kriege den Krieg. Dadurch, dass sich die Geschichte über die aktuellen Besonderheiten der Probleme erhob, die sich in jedem Krieg entwickeln, brachte sie eine neue Dimension zu dem Verständnis des Krieges in der Gegenwart. Von nun an bleiben die Aufmerksamkeit für solche zeit-

---

[12] Carl von Clausewitz, »Über das Leben und den Charakter von Scharnhorst«, *Historisch-politische Zeitschrift*, I (1832), S. 177.

losen, allgemeinen Aspekte wie die Psychologie des Befehlshabers und die Gefühle und Ansichten der Truppen, wie auch der Gesellschaft, die sie vertraten, die unweigerlich auch seine – des Interpreten – eigenen Reaktionen einschlossen, konstante Elemente in Clausewitz' historischen Schriften wie in seinen Theorien. Dies gilt nicht minder für die Erkenntnis der politischen Natur, Auswirkungen und Konsequenzen des Krieges in all seinen gegenwärtigen und vergangenen Stadien. Der Titel der ersten Ausgabe seiner Werke – *Hinterlassene Werke des Generals Carls von Clausewitz über Krieg und Kriegführung* – verweist auf die allgemeinen und die spezifischen Aspekte, die er beabsichtigt zu untersuchen.

An der Lehranstalt hatten die Schüler Zugang zu Büchern über militärische Fragen und Militärgeschichte, und zweifellos lasen sie auch die von ihrem Direktor mitherausgegebene Zeitschrift. Clausewitz' klare Darstellung der strategischen und operativen Phasen der Feldzüge des schwedischen Königs in Deutschland bezieht sich auf eine Reihe älterer und zeitgenössischer Arbeiten, seine Analyse der Entscheidungen und Ereignisse aber lässt sich im Wesentlichen von den Ideen leiten, die Scharnhorst in seinen Einführungen und Kommentaren entwickelte. Besonders ist hier der entscheidende Wert zu nennen, den Scharnhorst dem Charakter und der Persönlichkeit der Befehlshaber und der inneren Einstellung ihrer Truppen zuspricht, die, wie er behauptet, zusammen eine weitaus größere Macht erzeugen können als jedes abstrakte operative oder strategische System.[13] In Clausewitz' Schilderung und Interpretation der Entscheidungen, die der schwedische König traf, offenbaren sogar scheinbar unveränderliche geographische und politische Gegebenheiten neue Möglichkeiten,

---

[13] In seiner kommentierten 19. Auflage von *Vom Kriege*, Bonn 1980, verweist Werner Hahlweg (S. 1233, Anm. 364) auf mehr als eine Passage des Werks, einschließlich der historischen Zusammenfassung in Buch VIII, Kap. 3B, in denen sich Clausewitz auf die beiden genannten Einleitungen Scharnhorsts stützt.

wenn sie von einem Führer mit Gustav Adolfs entschlossenem Charakter beurteilt werden.

Nachdem Clausewitz seine Geschichte der Feldzüge des schwedischen Königs verfasst hatte, kam er immer wieder auf verwandte Themen zurück. Historische Studien, darunter einige von beträchtlichem Umfang, machen einen bedeutenden Teil seiner Schriften aus. Von den zehn Bänden der nachgelassenen Schriften, die ab 1832, dem Jahr nach seinem Tod, erschienen, umfassen drei *Vom Kriege*. Die anderen sieben sind der Geschichte gewidmet. Dabei ist diese Ausgabe bei weitem nicht vollständig und enthält weder Clausewitz' zahlreiche Dienstberichte und Denkschriften noch seine politischen Essays oder die Vorlesungen über den Kleinen Krieg, die er 1810–1812 hielt; auch fehlen zwei seiner wichtigsten historischen Werke: ein Aufsatz über Scharnhorst, den Ranke nach Clausewitz' Tod in seiner *Historisch-politischen Zeitschrift* veröffentlichte, und eine ausführliche Geschichte des Kriegs von 1806/1807, zu deren Veröffentlichung sich die historische Sektion des Generalstabs aufgrund ihrer offenen Kritik ziviler und militärischer preußischer Institutionen, des Königs und seiner Berater sowie führender Militärs erst 1878 durchringen konnte. *Vom Kriege* selbst enthält unzählige historische Verweise und Erörterungen. So sehr beide Themenfelder in Clausewitz' Schriften auch verbunden sind, er schrieb mehr über die Geschichte als über die Theorie des Krieges.

3.

1804 machten Clausewitz und sein Freund Tiedemann ihren Abschluss als die zwei besten Studenten des Lehrgangs und wurden auf vielversprechende Positionen berufen, Tiedemann als ein »Offizier der Armee« – Mitglied einer kleinen Gruppe von Offizieren für besondere Aufgaben – und Clausewitz als Adjutant von Prinz August, dem Sohn des zeremoniellen Befehlshabers des 34.

Infanterieregiments. Diese Bestimmung brachte ihn an den königlichen Hof und unter die Augen Friedrich Wilhelms III. Am
Hof lernte er auch seine künftige Frau kennen, Gräfin Marie von
Brühl, eine Hofdame der Königinmutter. In Prinz Augusts Krei-
sen traf Clausewitz wichtige Figuren aus dem geistigen Leben
Berlins, darunter den Schweizer Historiker Johannes von Müller,
der zu Preußens Hofhistoriograph ernannt worden war und dessen damals sehr bewunderte idealisierende Interpretationen der
europäischen Geschichte Clausewitz als Beispiel dafür dienen
würden, was historische Deutungen nicht sein sollten. In diesem
neuen Lebensabschnitt veröffentlichte Clausewitz seinen ersten
Aufsatz, nicht über einen historischen Gegenstand, sondern über
eine zentrale Frage der Kriegstheorie. In seiner Behauptung der
kreativen Kraft des Menschen ist der Aufsatz – eine fast zu ver-
nichtende Besprechung eines Buches von Heinrich Dietrich von
Bülow – mit Clausewitz' Geschichte Gustav Adolfs verwandt.
Bülow, ein so brillanter wie dogmatischer Bewunderer von Systemen, hatte eine strategische Theorie entwickelt, die auf beherr-
schenden Stellungen und dem Winkel des offensiven Anmarsches
beruhte; ein System, wie er behauptete, das entscheidende Vortei-
le in der sich anschließenden Schlacht bringen würde, diese sogar
vielleicht überflüssig machte. Bülows Formulierungen gehören zu
den vielen Versuchen in den durch die Französische Revolution
und Napoleon erschütterten Jahren, die Veränderungen, von denen die westliche Welt erfasst war, unter Kontrolle zu bekommen,
indem man sich auf die eher mathematisch als sozial oder psy-
chologisch ausgerichteten Grundsätze des Rationalismus bezog;
eine Tendenz, wenn nicht ein ängstlicher Zwang, den Clausewitz
genauso irreführend fand wie jedes fortgesetzte Vertrauen in die
politischen und militärischen Konzeptionen des Absolutismus.[14]

---

[14] Carl von Clausewitz, »Bemerkungen über die reine und angewandte Strategie
des Herrn von Bülow«, in: *Neue Bellona*, Bd. XI, Nr. 3 (1805), S. 252-287. Zu
Bülow vgl. Paret, *Clausewitz und der Staat,* insbes. S. 120-124.

Auch Scharnhorst verließ 1804 die Lehranstalt. Er wurde zum Oberst befördert und zum Chef der westlichen Abteilung des Generalstabs ernannt, einer neuen Position, die zusammen mit dem für sie ausgewählten Mann darauf hindeutet, dass der Konservatismus der führenden Generäle die weitverbreiteten Zweifel an Preußens Fähigkeit, Frankreich und der von Napoleon zu neuer, explosiver Macht geführten französischen Armee standzuhalten, nicht vertrieben hatte. Die Jahre vor 1806 waren »angefüllt mit Reformbestrebungen der verschiedensten Art«.[15] Aber als es 1806 zum Krieg kam, wurde Scharnhorsts Rat nicht beachtet, und die operativ wie taktisch starre preußische Armee war bald überwältigt. Während sich die Hauptkräfte viel zu langsam in Mitteldeutschland konzentrierten, griff Napoleon sie von Westen an, während gleichzeitig französische Truppen, die nach dem vorjährigen Krieg gegen Österreich in Deutschland geblieben waren, von Süden vorrückten. In den Schlachten von Jena und Auerstedt am 13. und 14. Oktober vernichteten sie die preußische Armee als eine zusammenhängende, effektive Macht. In der Schlacht von Auerstedt entwickelte Clausewitz Prinz Augusts Bataillon zu Schützenlinien, eine Taktik, die vor dem Krieg eingeführt, aber kaum geübt worden war, und jetzt nicht mehr sein konnte als ein letzter verzweifelter Versuch, sich an die neuen Realitäten des Krieges anzupassen. Es dauerte Tage, die zurückweichenden Massen in eine gewisse Ordnung zu bringen. Am 25. Oktober besetzten die Franzosen Berlin, drei Tage später wurden der Prinz und Clausewitz auf ihrem fortgesetzten Rückzug nach Norden gefangengenommen und schließlich in Frankreich interniert. Kurz danach schrieb Clausewitz drei Aufsätze über den Feldzug, »Historische Briefe über die großen Kriegsereignisse im Oktober 1806«, die bei weitem zu offen und deutlich waren, als dass sie in Preußen hätten veröffentlicht werden können, und dann in der bekannten Hamburger Zeitschrift *Minerva* erschienen.

---

[15] Otto Hintze, *Die Hohenzollern und ihr Werk,* Berlin 1915, S. 428.

In Schlesien und, mit verspäteter russischer Unterstützung, an der Ostsee sowie in Ostpreußen hielten die Kämpfe noch weitere sechs Monate und länger an. Auch in dieser Phase zeichnete Scharnhorst sich aus. Doch militärische Erfolge konnten die politische Katastrophe nicht mehr abwenden. Unter dem im Juli geschlossenen Frieden von Tilsit verlor Preußen die Hälfte seines Gebietes und seiner Einwohner; in anschließenden Verhandlungen wurde die Stärke seiner Armee für die nächsten zehn Jahre auf 42.000 Mann beschränkt. Das Land wurde zu einem französischen Satelliten. Ebenfalls im Juli wurden Prinz August und Clausewitz frei gelassen; aber erst im November konnte Clausewitz nach Berlin zurückkehren, das weiterhin von den Franzosen besetzt war.

In der letzten Phase des Krieges war Scharnhorst zum Generalmajor befördert worden. Er wurde jetzt zum Vorsitzenden einer neuen Militär-Reorganisationskommission ernannt, die neben reformorientierten auch konservative Mitglieder umfasste, ihm aber eine politische und administrative Basis gab, um die Armee zu modernisieren. Sowohl Clausewitz als auch Tiedemann wurden seine Gehilfen und bald enge Mitarbeiter in dem hartnäckigen und langwierigen Bemühen, die Organisation der Armee zu verändern, eine allgemeine Wehrpflicht einzuführen, das Offizierspatent für die Mittelklasse zu öffnen sowie ein neues taktisches und operatives System zu entwickeln – alles in allem den Charakter und die Methoden der Armee und ihre Stellung in der Gesellschaft und im Staat zu verändern. Nicht nur konservative preußische, auch französische Beobachter reagierten kritisch auf diese Bestrebungen, und 1810 musste der König Scharnhorst auf französischen Druck beurlauben, was die Reformen verlangsamte, aber nicht ihr Ende bedeutete. Im selben Jahr heiratete Clausewitz Marie von Brühl. Er wurde von seinen Pflichten als Adjutant von Prinz August entbunden, in das neue Kriegsministerium versetzt und zum Major befördert. Neben seinem Dienst in dem

Ausschuss, der die neue Infanterietaktik der Armee entwickelte, die eine vereinfachte Lineartaktik mit offener Ordnung verband, gaben er und Tiedemann an der neuen Preußischen Kriegsakademie Vorträge über den Kleinen Krieg, den Krieg der Patrouillen, Kommandounternehmen und Hinterhalte, wobei er erneut die individuelle Initiative betonte. Von Oktober 1810 bis März 1812 unterrichtete er den Kronprinzen in die Grundlagen der Kriegsführung und nahm teil an geheimen Vorbereitungen, um verabschiedete Soldaten für eine mögliche Erhebung gegen die Franzosen zu organisieren und zu bewaffnen, oder war über diese informiert. In diesen Jahren intensiver Auseinandersetzungen über die Rechte und Pflichten der Bürger und ihre Auswirkungen auf die staatlichen Institutionen schrieb Clausewitz nichts über historische Themen, obwohl sich sein fortgesetztes Interesse an der Vergangenheit in Episoden wie seine Reaktion auf einen Aufsatz Fichtes über Machiavelli zeigte. Er verfasste einen Essay, der die anhaltende Bedeutung von Machiavellis Schriften für die Politik und den Krieg der modernen Zeit hervorhob, also einmal mehr Vergangenheit und Gegenwart verband, und sandte den Essay an den Philosophen.[16]

Nachdem Napoleon Preußen gezwungen hatte, sich mit einem Hilfskorps von 20.000 Mann an dem kommenden Feldzug gegen Russland zu beteiligen, brachte Clausewitz im April 1812 seine Bestürzung über die neue Politik und die Spaltungen in der preußischen Gesellschaft der vergangenen Jahrzehnte in einer langen »Bekenntnisdenkschrift« zum Ausdruck. Er schickte sie zwar nur an Freunde, doch könnte der König Teile der Schrift gesehen haben. Als einer von vielleicht dreißig Offizieren, darunter sein Freund Tiedemann, quittierte Clausewitz den Dienst, verließ

---

[16] Peter Paret, »Machiavelli, Fichte and Clausewitz in the Labyrinth of German Idealism«, in: *Ethica & Politica / Ethics & Politics*, Bd. XVII, Nr. 3 (2015); auch in »Machiavelli and the Making of German Identity«, hg. Laura Ann Macor, S. 78-95.

Preußen, und machte seinen Weg nach Russland. Friedrich Wilhelm III., der von seinen Offizieren unbedingten Gehorsam erwartete, vergaß ihm diese Entscheidung nie. Clausewitz begleitete den russischen Rückzug nach Moskau nominell als Stabsoffizier, aber da er kein Russisch konnte, war er wenig mehr als ein Beobachter. Nachdem Tiedemann, der als Stabschef der russischen Truppen, die Riga und Sankt Petersburg deckten, in einem Gefecht mit dem preußischen Hilfskorps gefallen war, wurde Clausewitz zu seinem Nachfolger ernannt. Wieder aber erzwangen seine mangelnden Russischkenntnisse einen Wechsel, und er wurde Stabschef einer russisch-deutschen Legion aus deutschen Kriegsgefangenen. Als der französische Rückzug begann, schloss er sich bis zur Aufstellung der Legion einer russischen Armee unter Wittgenstein an, die den Franzosen folgte. Mitte Dezember näherte Wittgenstein sich der Gegend, an der die französischen Hauptstreitkräfte auf ihrem Rückzug aus Moskau auf Macdonalds X. Korps auf dem Rückzug aus Riga stoßen würden, deren Nachhut, das preußische Hilfskorps Generalleutnants von Yorck, immer noch eine Truppenstärke von rund 14.000 Mann enthielt. Am 25. Dezember setzten sich vorgeschobene russische Einheiten unter General Diebitsch, wie Wittgenstein ein Deutscher im russischen Dienst, zwischen Macdonald und Yorck, der inzwischen das Dorf Tauroggen an der ostpreußischen Grenze erreicht hatte. In der Absicht, das preußische Korps zu neutralisieren, unterbreitete Diebitsch Yorck den Vorschlag eines zeitweiligen Waffenstillstands. Trotz des katastrophalen Ausgangs der Invasion hatte Yorck keine Befehle aus Berlin erhalten, wie mit der veränderten Situation umzugehen sei, erklärte sich aber bereit, mit den russischen Unterhändlern zu sprechen. Mit Clausewitz als Vermittler, willigte Yorck schließlich ein, sein Korps von den Franzosen zu trennen und zunächst von weiteren Kampfhandlungen abzusehen – eine Entscheidung, die großen moralischen Mutes bedurfte und bedeutende Konsequenzen hatte. Da das Ausscheiden des preußischen Korps es Macdonald unmöglich machte, die russischen Verfolger an der preußischen Grenze zu halten, dehnte sich der Krieg nach Mitteleuropa aus und schuf die Bedingungen, um im Februar 1813 ein neues russisch-preußisches Bündnis zu schließen, das den Krieg nach Frankreich brachte und zum Zusammenbruch des napoleonischen Reichs führte.

Im März wurde Scharnhorst, jetzt wieder im Dienst, zum Generalleutnant befördert und zum Generalquartiermeister der Armee ernannt, faktisch Chef des Generalstabs der Armee. Bis die russisch-deutsche Legion aufgestellt war, schloss sich ihm Clausewitz als inoffizieller Mitarbeiter an, nachdem der König, der sein Verlassen des Dienstes vom Vorjahr weiterhin übel nahm und seine Teilnahme an den Verhandlungen, die zu Yorcks Entscheidung führte, ohne Befehl Macdonald zu verlassen, kaum schätzen konnte, ihm noch nicht den Wiedereintritt in den preußischen Dienst bewilligte. Im ersten bedeutenden Zusammenstoss, der Schlacht bei Großgörschen im Mai, war Clausewitz in Scharnhorsts Nähe, als dieser am Bein verletzt wurde, eine Wunde, an der er zwei Monate später starb. Während des folgenden Waffenstillstands, der bis zum August hielt, verfasste Clausewitz eine kurze Schrift mit dem Titel »Der Feldzug von 1813 bis zum Waffenstillstand«, die bald als Broschüre erschien.[17] Das Werk beginnt mit unverhohlen emotionalen Sätzen – für Clausewitz' historischen Stil eher untypisch –, in denen sich sowohl das breitere Publikum, das er anspricht, als auch seine Bereitschaft zeigt, seinen starken Gefühlen ausnahmsweise in dramatischer Prosa Ausdruck zu verleihen: »Als der Strom des [russischen] Sieges sich von Moskau unaufhaltsam bis über den Niemen über Preußens

---

[17] Carl von Clausewitz, *Der Feldzug von 1813 bis zum Waffenstillstand*, Glatz 1813, später in Band VII seiner hinterlassenen Schriften aufgenommen, S. 249-316. Die im Anschluss zitierte Passage stammt von S. 251. Derselbe Band enthält auch einen kurzen Aufsatz, den Clausewitz zu unbekanntem Zeitpunkt über die letzten Phasen des Feldzugs schrieb.

und Polens Grenzen fortwälzte, zersprangen die Zügel woran die Tyrannei eines Eroberers die deutschen unterjochten Völker zu seinen Zwecken hinleitete. Sie hatten wie eingespannte Sklaven an seinem Triumphwagen ziehen müssen. Wie durch ein Gebot Gottes sprangen Ketten und Zügel.« Die Einleitung endet mit der Feststellung: »So veränderte Preußen seine Stellung und ward der erste Verbündete Rußlands in dem neuen Kampfe für die Unabhängigkeit Europas.«[18] Danach ändert sich der Text zu einer nüchternen Darstellung der preußischen Militärreformen, betont aber zugleich auch den zunehmenden Patriotismus in einer weniger rigide strukturierten Gesellschaft: »Im Jahre 1809 hatte die Armee eine neue vollendete Verfassung, eine neue Gesetzgebung und neue Uebungen und man kann sagen einen neuen Geist der sie belebte. Sie war dem Volke näher gebracht, und man durfte hoffen sie als eine Schule zur kriegerischen Ausbildung und Erziehung des Nationalgeistes zu betrachten.«[19]

Im weiteren Verlauf des Jahres 1813 – den Kämpfen in Deutschland, während deren Clausewitz im Rang eines Oberst wieder in die preußische Armee übernommen wurde, gefolgt von der Frühlingsoffensive in Frankreich – schrieb er keine weiteren historischen Texte bis zum Sommer 1814, nach dem Ersten Pariser Frieden, in dem er mit der Arbeit an »Der Feldzug von 1812 in Rußland« anfing, nur um das Manuskript dann beiseitezulegen und erst zehn Jahre später abzuschließen. Nach 1816, als er *Vom Kriege* zu schreiben begann, verfasste Clausewitz auch einen seiner bedeutendsten historischen Essays, »Über das Leben und den Charakter von Scharnhorst«, in dem er seine Bewunderung und Liebe des Menschen Scharnhost mit einer umfassenden Perspektive auf die Kräfte verbindet, die ihn bekämpften.

---

[18] Ebd., S.251, 253.
[19] Ebd., S. 255.

1818 wurde Clausewitz zum Generalmajor befördert und zum Leiter der Allgemeinen Kriegsschule in Berlin ernannt. Es konnte aussehen, als trete er in die Fußstapfen seines bewunderten Lehrers, aber die Position war als reine Verwaltungsstelle gedacht und erlaubte ihm nur wenig Einfluss auf den Lehrplan. Trotz verschiedener Bemühungen um eine mehr aktive Verwendung blieb er bis 1830 auf diesem Posten, um dann in das Artillerieinspektorat versetzt zu werden. Die politischen Unruhen in Europa in jenem Jahr schienen neue Möglichkeiten zu versprechen, die sich aber ebenfalls zerschlugen, und im November 1831 starb Clausewitz, ein Opfer der Cholera-Epidemie, die von Osten her über Mitteleuropa hereinbrach.

Sein letztes Lebensjahrzehnt widmete Clausewitz zum Teil der Niederschrift seines Werks *Vom Kriege*, das er 1827 zu überarbeiten und zu erweitern begann, ohne es aber beenden zu können. Er verfasste weiterhin politische Essays, in denen er die Reformen bestätigte, für die er als Scharnhorsts Mitarbeiter gekämpft hatte, Schriften, die erst viele Jahre später veröffentlicht wurden. Noch in den frühen 1820er Jahren beendete er eine Anzahl historischer Arbeiten und begann „Die Feldzüge Friedrichs des Großen" und danach ein Werk, das Kriegsgeschichte und politische Geschichte vereint, „Nachrichten über Preußen in seiner großen Katastrophe", sehr geschärft durch seine offen ausgedrückten persönlichen Urteile, die letzte und härteste der Kritiken preußischer Zustände, die er seit seiner Jugend immer wieder ausgedrückt hatte. Von 1827 an schrieb er drei weitere historische Werke „Der Feldzug von 1796 in Italien", „Die Feldzüge von 1799 in Italien und der Schweiz" und „Der Feldzug von 1815 in Frankreich". Themen und Methoden reichen von einer strategischen und operativen Historiographie – bei der politische Überlegungen auf ein Minimum reduziert sind und im Wesentlichen von gesellschaftlichen und kulturellen Erwägungen unberührt bleiben, auch wenn der Verfasser sie in Randbemerkungen und Anmerkungen andeutet – bis zu Werken, in denen die Natur und der Verlauf von Feldzügen als zwangsläufiges Resultat nicht nur der Politik, sondern auch der sozialen Bedingungen sowie der Stile des Denkens und Verhaltens ihrer Führer gezeichnet werden, die manche Entscheidungen begünstigen oder ermöglichen, andere dagegen verhindern. Eine detaillierte Analyse von Clausewitz' zahlreichen historischen Arbeiten wäre zweifellos aufschlussreich. Hier muss ich mich auf einige vergleichende Anmerkungen zu einer repräsentativen Geschichte eines Feldzuges und zu seiner Untersuchung *Nachrichten über Preußen in seiner großen Katastrophe* beschränken, zwei Werke, die sich in Gegenstand und Behandlungsweise deutlich unterscheiden und doch vieles gemeinsam haben. In beiden drückt Clausewitz seine persönlichen Meinungen offen aus, wie es auch sonst seiner Art entspricht. Noch sind in keiner der Arbeiten, die er in den 19 Jahren von 1813 bis zu seinem Tode verfasste, methodologische Veränderungen festzustellen, obgleich sie im Tonfall von den populistischen Appellen, die in der Geschichte des Feldzuges von 1813 zu hören sind, bis zu der Gelassenheit führen, mit der er in seinen letzten Werken einen unendlichen analytischen Reichtum entwickelt.[20]

Der Feldzug von 1796 in Italien, eine Arbeit von 354 Seiten mit einer allgemeinen Karte und fünf kleinen Karten zu einzelnen Gefechten, nimmt den vierten Band der nachgelassenen Werke ein. Wie bei den meisten, wenn auch nicht allen von Clausewitz' historischen Darstellungen, listet das Inhaltsverzeichnis durchnummerierte und betitelte »Paragraphen«, von denen jeder aus mehreren

---

[20] In einer bedeutenden Studie „General von Clausewitz", zuerst veröffentlicht 1878, erweitert nachgedruckt in *Historische und politische Aufsätze,* Berlin, 1887, S. 209-226, untersucht Hans Delbrück den Charakter von Clausewitz' historischen und kriegshistorischen Schriften, und unterscheidet zwischen historischen Behandlungen von Ereignissen mit verschiedenen Ursachen und Folgen, und kriegsgeschichtlichen Schriften, die sich auf ein eng definiertes strategisches und operatives Geschehen konzentrieren. Siehe den Aufsatz im vorliegenden Werk, S. 21-37.

Absätzen besteht. Die ersten fünf Paragraphen haben folgende Titel: 1. Stärke und Stellung der Franzosen; 2. Die Verbündeten; 3. Verhältniß beider Armeen und Feldherren; 4. Italienische Staaten; 5. Operationsplan. Zusammengenommen erstrecken sich diese fünf »Paragraphen« über 19 Seiten. Ihnen geht eine kurze Einleitung voraus, in der sich der Autor gegenüber dem Leser erklärt und die Wichtigkeit, aber auch die Schwierigkeit betont, einen Krieg nachzuvollziehen, für den es nur wenige Quellen gibt. »Jomini«, schreibt Clausewitz in Sätzen, die uns viel von dem Charakter seiner historischen Schriften berichten, »hat in seiner Geschichte der Revolutionskriege diesen Feldzug ... so gut dargestellt, wie es ihm die Dürftigkeit der Quellen erlaubte; gleichwohl ist seine Erzählung dürftig, lückenhaft, dunkel, widersprechend, kurz alles was eine bündige Darstellung der Ereignisse in ihrem Zusammenhange nicht sein sollte. Nichts desto weniger gibt sie wenigstens von französischer Seite die wesentlichsten Zahlen und die hauptsächlichsten Motive an. Dagegen läßt das Wenige, was von Seiten der Österreicher in ihren Militairzeitschriften bekannt gemacht ist, über Stellung, Absicht und Motive, kurz über alle Hauptsachen in solcher Unwissenheit und Verwirrung, daß diese Erzählung wie ein bloßes Agglomerat von Trümmern erscheint.

Die Napoleonischen Memoiren, welche billig einen großen Aufschluß über den ganzen Feldzug geben sollten, täuschen in dieser Beziehung alle Hoffnung. Die Ereignisse der früheren Zeit gehen dem Gefangenen von St. Helena nur wie ein Traumbild vorüber, und was darf man in einem Traume weniger suchen als die Präzision. Außerdem nimmt der gänzliche Mangel an Wahrheitsliebe seinen historischen Erinnerungen, so oft von Zahlen die Rede ist, allen Werth. [...] Es ist unter diesen Umständen nicht anders möglich als daß in der folgenden Übersicht dieses merkwürdigen Feldzugs sehr häufig statt des viel Bestimmteren, welches erforderlich gewesen wäre, nur das Allgemeinere hat gegeben werden können, und statt wirklich historischer Motive nur Vermuthungen.«[21]

Clausewitz eröffnet die Geschichte des Feldzuges nicht mit einem Überblick über die strategischen Möglichkeiten der Österreicher und ihrer Gegner, die tatsächlich noch keine größeren operativen Entscheidungen getroffen hatten. Seine Betrachtungen der ersten Gefechte zeigen aber, dass er sich bereits überzeugt hat, welche Möglichkeiten bestanden und welche nicht, und selbst seine Darstellung dieser frühen Kämpfe gewinnt Substanz aus seiner Suche nach ihren möglichen Implikationen, nach dem Verhältnis des Besonderen – eine Kampfhandlung – zum Allgemeinen – den gesamten Feldzug.[22] Eine spezielle Strategie, stellt er fest, kann durch die Ereignisse veranlasst werden, oder weil ein bestimmtes Faktum oder Interesse »eine vorherrschende Wichtigkeit hat, wie z.B. die Erhaltung Wiens, das Verhindern einer feindlichen Invasion für die Österreicher in manchen Fällen hätte haben können. Im Jahre 1814 und 1815 war die Einnahme von Paris von einer solchen vorherrschenden Wichtigkeit, daß sie notwendig den Augenpunkt aller strategischen Linien ausmachen mußte.«[23]

Clausewitz' Schilderung geht von der Betrachtung kleinerer Operationen – der Überlegung, was mit einem Gefecht verloren oder gewonnen wird, und zu welchem Preis – zur Diskussion des Verhältnisses zwischen dem kommandierenden General und seiner Regierung sowie zu zentralen strategischen Entscheidungen über;

---

[21] Carl von Clausewitz, *Der Feldzug von 1796 in Italien. Hinterlassene Werke des Generals von Clausewitz*, Bd. IV, Berlin 1833, S. 3-4.

[22] Zu Clausewitz' Neigung, in seinen historischen Studien die strategischen Möglichkeiten aus einer Analyse der geographischen und politischen Verhältnisse statt aus einer Untersuchung der dokumentarischen Quellen abzuleiten, vgl. meinen Literaturbericht, »Clausewitz's Life and Work as a Subject of Historical Interpretation«, in: *The Journal of Military History*, Bd. LXXXI, Nr. 3 (2017), S. 829-837, insbes. S. 836.

[23] Carl von Clausewitz, *Der Feldzug von 1796 in Italien*, S. 353-354.

der Frage etwa, ob die Franzosen nach dem Sieg über ihre Gegner in Norditalien südlich nach Livorno und Rom vorrücken sollten. Er sucht und gewinnt ein politisch wie militärisch annähernd umfassendes Bild, verweist aber stets auf das begrenzte Wissen des Beobachters und Historikers, mithin die Vorzüge, aber auch Schwächen eines Interpreten, der fernab ist von den Belastungen des Krieges, unter denen die Soldaten agieren, ob in einem Scharmützel oder bei einer strategischen Entscheidung. Er beschließt seine Arbeit, indem er bezeichnenderweise noch einmal das Verhältnis des Historikers und des Lesers zur Vergangenheit anspricht: »Je nachdem nun diese [vorherrschende, P] Wichtigkeit erkannt oder verkannt oder verschieden angesehen wird, muß auch das Urtheil über die letzte Beziehung, welche ein umfassendes strategisches Verhältniß hat, verschieden ausfallen. Daß Charakter und Gesinnung, die im Kriege eine so große Rolle spielen, auch hier in den höchsten Regionen und bei einem bloßen Akt der Überlegung noch großen Einfluß auf das Urtheil haben, ist in der Natur der Dinge. Darum wird der Standhafte und Muthige seine Lage anders beurtheilen als der Verzagte. Dies ist besonders bei den Handelnden der Fall. Bei den bloß Urtheilenden aber, also namentlich in der Schriftstellerwelt, wo jeder muthig und standhaft ist, rührt die Verschiedenheit der Ansicht meistens von einem Verkennen der Verhältnisse her, welche obgewaltet haben, oft aus Mangel an Daten, noch öfter aber aus Mangel an wahrem Geist kritischer Untersuchung.«[24]

War der Krieg von 1796 unzureichend dokumentiert, so ließ sich dasselbe oder ähnliches über den Krieg von 1806 nicht sagen. Clausewitz hatte Zugang zu vielen, wenn auch nicht zu allen wichtigen Informationen; als Sohn eines Mannes, der sein Offizierspatent verloren hatte, weil er seinen Adel nicht nachweisen konnte, und schließlich als Adjutant eines Prinzen aus der könig-

---

[24] Ebd., S. 354.

lichen Familie sowie als Schüler Scharnhorsts hatte er tiefen Einblick in die Stärken und Schwächen des preußischen Staates und der preußischen Gesellschaft in revolutionärer Zeit. Sein Verständnis jener Periode, ihrer zeitgenössischen Merkmale und künftigen Möglichkeiten, wurde zusätzlich geschärft durch die Zeit, in der er schrieb: Nachdem sie den Staat und die Gesellschaft neu belebt hatte, zerfiel die Reformbewegung unter dem Druck einer im Innern wie nach außen erneut triumphierenden Autokratie. Clausewitz teilte die Geschichte von 1806 in vier Kapitel: 1. »Einige Blicke auf den Geist im Heere und in der Verwaltung«, das mit der kategorischen Feststellung beginnt: »Alle vorurteilslosen Männer, welche Preußen vor und im Jahre 1806 beobachteten, haben von ihm das Urteil gefällt, es sei in seinen Formen untergegangen. Ein unmäßiges, mit Eitelkeit vermischtes Vertrauen auf diese Formen ließ es ganz übersehen, daß der Geist daraus entwichen war. Man hörte die Maschine noch klappern, und so fragte niemand, ob sie auch ihre Dienste noch leiste.«[25] Darauf folgen das zweite Kapitel, »Charakteristik der bedeutendsten Männer«; das dritte, »Ursachen und Vorbereitungen zum Kriege«; und das vierte Kapitel »Der Feldzug von 1806«. Das Werk umreißt zunächst ein verheerendes Bild der preußischen Institutionen, steigert sich dann zu einem vernichtenden Höhepunkt in Form einer Charakterisierung führender Personen und ihrer Helfer und schließt mit einer eindringlichen politischen und militärischen Analyse der ruinösen Unfähigkeit, die immer mächtigere Bedrohung durch Napoleon abzuwehren, sowie der Katastrophe des Feldzugs selbst.

Das Ergebnis ist eine dichte soziale und psychologische Abrechnung mit den Angehörigen der sich gegenseitig beeinflussenden politischen und militärischen Eliten, die es vermochten, ihre Autorität in der Heimat weiter zu stärken, während sie gegen den

---

[25] Clausewitz, *Nachrichten über Preußen in seiner großen Katastrophe*, S. 76.

äußeren Feind versagten. Diese allgemeinen Tendenzen werden durch Clausewitz' schneidende Charakterisierungen der führenden Persönlichkeiten veranschaulicht, die zweifellos die historischen Darstellungen der folgenden zwei Jahrhunderte beeinflussten: General Rüchel etwa, dessen Beharren auf paradehafter Präzision zur Niederlage von Jena beitrug, »hätte [man] eine aus lauter Preußentum gezogene konzentrierte Säure nennen mögen«.[26] Über den Außenminister Graf Haugwitz heißt es: »Ein kleiner Mann von einigen fünfzig Jahren, mit freundlichem Gesicht und verbindlichem Wesen, aber dem Ausdruck der Oberflächlichkeit, des Leichtsinns und der Falschheit, doch alles in guten Weltmanieren und ruhiger Haltung so verschmolzen, daß nichts Karikaturähnliches dabei vorkam, so war das Äußere des Grafen Haugwitz, und so war auch sein Inneres.«[27] Jeder der Männer, die Clausewitz beschreibt, repräsentiert und beschleunigt einen Niedergang, einen Zusammenbruch, der im Rahmen einer überwältigenden historischen Interpretation beschrieben und erklärt wird.

4.

Ursprünglich hatte sich Clausewitz der Geschichte zugewandt, um die Gegenwart besser zu verstehen, in welcher der Krieg eine wesentliche und für ihn persönlich alles berührende Macht darstellte. Was er über frühere Kriege las und später auch schrieb, verband er bald mit dem Versuch, ein theoretisches Verständnis des Krieges an sich zu erreichen. Dieses doppelte Motiv führte zu einer bedeutenden Zahl von historischen Werken, die sich in ihren Gegenständen und manchmal in ihrer Betrachtungsweise unterschieden, aber methodisch insgesamt konsistent waren. Seine Auseinandersetzung mit dem jeweiligen Thema – ob er die Strategien und Operationen der gegnerischen Seiten verfolgte

---

[26] Ebd., S. 98.
[27] Ebd., S. 116.

oder den Einfluss gesellschaftlicher und politischer Entwicklungen auf die Motive und die Art der Kampfführung erwägte – war ein Ausdrucks seines Wunsches, die Wirklichkeit zu erkennen und zu begreifen, ein Bedürfnis, das er nur selten aus patriotischen Motiven verwässerte. Er hasste Napoleon als Eroberer Deutschlands, verwies aber wiederholt auf dessen außergewöhnliche Fähigkeiten, so wie er Tendenzen im Geist des Kaisers erkannte, die produktiv waren, bis sie ins Selbstzerstörerische wechselten – zum Beispiel seine Neigung, im Krieg die Hauptstadt des Feindes als ein entscheidendes Ziel zu betrachten. Clausewitz' Bedürfnis, die Realität und seine eigenen Reaktionen zu verstehen, führte zu einem ungewöhnlichen Grad an Objektivität in seinen Schriften. Wie erwähnt, lernte er als junger Offizier, der gerade seine ersten historischen Studien geschrieben hatte, den berühmten Historiker Johannes von Müller kennen, der ihn selbstverständlich beeindruckte. Statt aber Müllers Glorifizierung der spätmittelalterlichen freiheitsliebenden Schweizer, die deren häufig aggressive Politik in Deutschland und Italien herunterspielte und sogar ignorierte, als Vorbild anzusehen, trennte Clausewitz in seinen Arbeiten die Idealisierung von Begriffen und Ideen von jener Mischung von Motiven und Kräften, die im Denken und Verhalten des einzelnen Menschen und der Gesellschaft immer anzutreffen sind.

Seine Geschichtsschreibung wie seine Theorie zeichnen sich durch eine starke Abneigung gegen starre Systeme aus, die die Leistungsfähigkeit des Individuums – ob Soldat oder Zivilist – zu leicht lähmen. Diese Überzeugung kann für ein Vorurteil gehalten werden, Clausewitz aber verband sie weder mit einer Zurückweisung von Systemen an sich, noch bevorzugte er eine bestimmte Ideologie. Wie ein Infanteriebataillon, so könnte man seine Gedanken interpretieren, die Befähigung haben soll, sowohl in offener als auch in geschlossener Ordnung zu kämpfen, so sollte die politische Struktur der Gesellschaft dem Einzelnen, ganz gleich welcher Herkunft, die Freiheit geben, mit seinen Gedanken und seinen Taten zum Allgemeinwohl beizutragen.

Die Objektivität von Clausewitz' Geschichtsschreibung lässt sich anerkennen oder diskutieren. Wir können uns auch fragen, ob andere Aspekte seines Umgangs mit der Vergangenheit – vor allem sein Wechsel zwischen einer eng und einer weit verstandenen historischen Methode – dem heutigen Historiker etwas zu sagen hat. Diese Frage dürfte besonders für Verfasser und Leser der Kriegsgeschichte von Bedeutung sein, eines Gebietes, das in den Vereinigten Staaten vielleicht mehr als in Europa mitunter von einer gewissen Entfremdung zwischen jenen Historikern und Lesern geprägt ist, die sich lieber weitgehend oder ausschließlich auf die tatsächliche Anwendung militärischer Gewalt konzentrieren, und anderen, die auch die Bedeutung gesellschaftlicher und kultureller Faktoren im Krieg berücksichtigt sehen wollen. Clausewitz verfolgte beide Wege, und seine Bereitschaft und Fähigkeit, diese beiden sehr unterschiedlichen Pfade einzuschlagen, ist in seinem Werk und auch in Werken anderer Historiker nicht so selten anzutreffen, wie manchmal angenommen wird. Beispielhaft zeigen dies seine »Nachrichten über Preußen«, in dem die zivilen und militärischen Kräfte, Ursachen und Wirkungen in einer ungewöhnlich dichten und dramatischen Darstellung verbunden sind. Unter vergleichbaren Untersuchungen einer politischen und gesellschaftlichen Zertrümmerung durch eine überwältigende militärische Macht, die nicht von einem Historiker verfasst sind, der hauptsächlich kriegsgeschichtliche Themen behandelt, wäre Marc Blochs *L'étrange défaite* zu nennen, ein Werk, das den *Nachrichten über Preußen* bemerkenswert ähnlich ist. Bloch, einer der bedeutenden Sozial- und Ideenhistoriker unserer Zeit, der auch über den Ersten Weltkrieg schrieb, schloss auf der Flucht 1940 seine tiefgründige Interpretation von Frankreichs militärischem Zusammenbruch ab, bevor er gefangengenommen und hingerichtet wurde. Sowohl Clausewitz als auch sein Nachfolger im zwanzigsten Jahrhundert zeigen, dass sich selbst im Werk desselben Historikers die enge und die breite Konzeption der Militärgeschichte nicht wechselseitig ausschließen müssen. Sehr viel, fast alles hängt von der Perspektive des Historikers und seiner Auswahl jener Aspekte der Vergangenheit ab, die er bestimmen und interpretieren will. Jeder der beiden Ansätze kann berechtigt sein, solange der andere, ob beschränkt oder umfassend, nicht als von Haus aus falsch verworfen wird. Clausewitz' Bereitschaft, zwischen der engeren und der breiteren Konzeption von Militärgeschichte zu wechseln, bleibt ein so wertvolles wie herausforderndes Beispiel, wie es für ihn selbst als Ansicht und Methode wünschenswert, sogar notwendig war. Die doppelte Art der Kriegsgeschichte spiegelt sein Verständnis der tiefen Verbindungen zwischen dem Zivilen und dem Militärischen und seine unausgesprochene, aber in seinem Werk ebenso gegenwärtige Erkenntnis, dass der Krieg uns viel über die Menschheit als solche zu sagen hat – zwei Reaktionen auf die unendliche Vielfalt und Komplexität der Vergangenheit, durch die der Historiker einen Weg finden muss, um ihn dann anderen zu zeigen.

Zu den Autoren:

Hans Delbrück, 1848-1929.

Professor der neueren Geschichte, Friedrich Wilhelm Universität, Berlin.

Werke unter anderen: *Die Perserkriege und die Burgunderkriege*, 1887; *Historische und politische Aufsätze*, 1887; *Die Strategie des Perikles erläutert durch die Strategie Friedrichs des Großen*, 1890; *Das Leben des Feldmarschalls Grafen Neithardt von Gneisenau*, 1894; *Geschichte der Kriegskunst im Rahmen der politischen Geschichte*, 1-4, 1900-1920.

Peter Paret, *1924.

Professor der neueren Geschichte, Institute for Advanced Study, Princeton. Werke unter anderen: *Clausewitz and the State*, 1976; *Die Berliner Sezession*, 1981; *Kunst als Geschichte*, 1988; *Imagined Battles: Reflections of War in European Art*, 1997; *Ein Künstler gegen das Dritte Reich: Ernst Barlach, 1933-1938*, 2006; *The Cognitive Challenge of War: Prussia 1806*, 2009; *Clausewitz in seiner Zeit*, 2017.

Personenregister

Carola Hartmann Miles-Verlag

Bücher über Carl von Clausewitz

Reiner Pommerin (ed.), *Clausewitz goes global. Carl von Clausewitz in the 21st Century,* Berlin 2011.

Holger Müller, *Clausewitz' Verständnis von Strategie im Spiegel der Spieltheorie,* Berlin 2012.

Militär und Gesellschaft

Hans-Christian Beck, Christian Singer (Hrsg.), *Entscheiden – Führen – Verantworten. Soldatsein im 21. Jahrhundert,* Berlin 2011.

Angelika Dörfler-Dierken, *Führung in der Bundeswehr,* Berlin 2013.

Wolf Graf von Baudissin, *Grundwert Frieden in Politik – Strategie – Führung von Streitkräften,* hrsg. von Claus von Rosen, Berlin 2014.

Marcel Bohnert, Lukas J. Reitstetter (Hrsg.), *Armee im Aufbruch. Zur Gedankenwelt junger Offiziere in den Kampftruppen der Bundeswehr,* Berlin 2014.

Angelika Dörfler-Dierken, Robert Kramer, *Innere Führung in Zahlen. Streitkräftebefragung 2013,* Berlin 2014.

Alois Bach, Walter Sauer (Hrsg.), *Schützen.Retten.Kämpfen. Dienen für Deutschland,* Berlin 2016.

Marcel Bohnert, Björn Schreiber (Hrsg.), *Die unsichtbaren Veteranen. Kriegsheimkehrer in der deutschen Gesellschaft,* Berlin 2016.

Donald Abenheim and Carolyn Halladay, *Soldiers, War, Knowledge and Citizenship: German-American Essays on Civil-Military Relations,* Berlin 2017.

Dirk Freudenberg, *Theorie des Irregulären. Erscheinungen und Abgrenzungen von Partisanen, Guerillas und Terroristen im Modernen Kleinkrieg sowie Entwicklungstendenzen der Reaktion, 3 Bde.,* Berlin 2018.

Donald Abenheim, Uwe Hartmann (Hrsg.), *Tradition in der Bundeswehr. Zum Erbe des deutschen Soldaten und zur Umsetzung des neuen Traditionserlasses,* Berlin 2018.

Jahrbuch Innere Führung

Uwe Hartmann, Claus von Rosen (Hrsg.), *Jahrbuch Innere Führung 2016. Innere Führung als kritische Instanz,* Berlin 2016.

Uwe Hartmann, Claus von Rosen (Hrsg.), *Jahrbuch Innere Führung 2017. Die Wiederkehr der Verteidigung in Europa und die Zukunft der Bundeswehr,* Berlin 2017.

Standpunkte und Orientierungen

Martin Sebaldt, *Nicht abwehrbereit. Die Kardinalprobleme der deutschen Streitkräfte, der Offenbarungseid des Weißbuchs und die Wege aus der Gefahr,* Berlin 2017.

Uwe Hartmann, *Der gute Soldat. Politische Kultur und soldatisches Selbstverständnis heute,* Berlin 2018.

Militärgeschichte

Eberhard Kliem, Kathrin Orth, *"Wir wurden wie blödsinnig vom Feind beschossen". Menschen und Schiffe in der Skagerrakschlacht 1916,* Berlin 2016.

Eberhard Birk, *"Auf Euch ruht das Heil meines theuern Württemberg!". Das Gefecht bei Tauberbischofsheim am 24. Juli 1866 im Spiegel der württembergischen Heeresgeschichte des 19. Jahrhunderts,* Berlin 2016.

Hans Frank, Norbert Rath, *Kommodore Rudolf Petersen. Führer der Schnellboote 1942–1945. Ein Leben in Licht und Schatten unteilbarer Verantwortung,* Berlin 2016.

Eckhard Lisec, *Der Völkermord an den Armeniern im 1. Weltkrieg – Deutsche Offiziere beteiligt?,* Berlin 2017.

Ingo Pfeiffer, *Heinz Neukirchen. Marinekarriere an wechselnden Fronten,* Berlin 2017.

Siegfried Lautsch, *Grundzüge des operativen Denkens in der NATO. Ein zeitgeschichtlicher Rückblick auf die 1980er Jahre,* Berlin [2]2018.

Joachim Welz, *Erfolgsstory oder Trauma – die Übernahme von Armeen. Lehren aus der Übernahme des österreichischen Bundesheeres in die Wehrmacht 1938 und der Reste der NVA in die Bundeswehr 1990,* Berlin 2018.

Georg Neuhaus, *Am Anfang war ein Speer. Eine Chronographie der Kriegs- und Militärtechnologien,* Berlin 2018.